运输管理实务

主　编　何天龙　覃志成
副主编　韦佳林　毛艳丽　赵　凡
参　编　龙曼霖　徐纬锋　李秋琼
　　　　钟　莹　李德良　蒋小辉

中国商业出版社

图书在版编目(CIP)数据

运输管理实务/ 何天龙,覃志成主编.—北京:中国商业出版社, 2015.3

ISBN 978-7-5044-8921-0

Ⅰ.①运… Ⅱ.①何…②覃… Ⅲ.交通运输管理-中等专业学校-教材 Ⅳ.①F502

中国版本图书馆 CIP 数据核字(2015)第 052711 号

责任编辑:蔡凯

中国商业出版社出版发行

010-63180647 www.c-cbook.com

(北京广安门内报国寺 1 号 邮编:100053)

新华书店总店北京发行所经销

北京市梨园彩印厂印刷

* * * * *

787×1092 毫米 16 开 12 张 280 千字

2015 年 3 月第 1 版 2015 年 3 月第 1 次印刷

定价:30.00 元

* * * *

前言

伴随着中国成为当今世界第二大经济体，物流行业也取得了长足的发展。运输作为物流的两大支柱之一，同样取得了骄人的成绩。与此同时，也对我国职业院校培养适合运输企业的人才提出了新的挑战。

本书紧紧抓住当前中职院校教学改革的方向，以工作任务为驱动，基于“工作过程”进行课程开发，突出课程“职业性、实践性、开放性”的特点，强化“校企合作、工学结合”的教学方式。

本书以培养新员工的模式展开，从运输的基础知识开始，内容涵盖运输合同，公路、铁路、水路、航空、集装箱与多式联运等运输方式及其作业流程，具有较强的实践性和实用性，能够帮助学生提高职业能力。

本书由广西商业高级技工学校何天龙、广西机电职业技术学院覃志成两位长期从事一线教学工作的教师担任主编，并负责书稿框架的设计和统稿、定稿工作。全书编写分工如下：何天龙编写了模块八、模块九；覃志成编写了模块一、模块二；广西机电职业技术学院赵凡编写了模块三；广西商业高级技工学校龙曼霖编写了模块四；广西商业高级技工学校徐纬锋编写了模块五；南宁市第一职业技术学校钟莹编写了模块六；广西商业高级技工学校李秋琼编写了模块七；山东省潍坊商业学校毛艳丽编写了教材的课后习题及参考答案；广西世纪物流公司市场部经理韦佳林、广西顺丰速递有限公司桂林分公司经理李德良和桂林新城置地发展有限公司财务主管蒋小辉提供了教材中所用到的岗位职责、技能要求与基本素质以及相关案例素材。

在编写本书的过程中得到了编者所在单位的大力支持，参考、引用了学术界同仁的有关著作、教材、案例等，在此一并表示衷心的感谢！

由于编者水平有限，书中不足之处在所难免，敬请广大读者批评指正。

编　者

2015 年 1 月

目　录

模块一 运输管理认知 1

▶学习要点

1. 了解物流运输的概念和特点；
2. 理解物流运输的功能和基本原理；
3. 理解运输与物流各环节之间的关系；
4. 掌握五种运输方式的各自特点；
5. 掌握运输合理化的定义以及不合理化运输的方式；
6. 了解企业运输岗位及主要职责。

▶案例导入

魏小刚是一名物流专业的学生，根据学校安排，进入桂林市小麻雀物流公司进行实习，该公司是与学校的合作单位，主要从事运输方面的业务。

魏小刚到人事部门报到后，未安排具体工作，主要是跟着运输主管贺成学习，了解公司的基本情况、各种运输方式的特点、运输管理的基本知识。

任务一　认知运输

☞ 任务目的

1. 了解物流运输的概念和特点；
2. 掌握物流运输的功能和作用；
3. 熟悉运输与物流各环节之间的关系；
4. 了解我国运输业现状及问题。

☞ 任务内容

魏小刚入职的桂林市小麻雀物流有限公司主要是承接发往全区各地的整车，零担运输业务。运输主管贺成交给魏小刚的第一个任务是，先了解运输的基本知识。于是，魏小刚来到自己的办公桌前打开电脑，开始学习起来。

☞ 任务准备

计算机、互联网

☞ 任务分工

岗位	岗位职责	主要内容	技能要求与基本素质	对应人员
岗前了解	无	了解物流运输的概念和特点	了解物流运输的概念和特点	魏小刚
岗前了解	无	掌握物流运输的功能和作用	掌握物流运输的功能和作用	魏小刚
岗前了解	无	熟悉运输与物流各环节之间的关系	能够正确处理运输与物流各环节之间的关系	魏小刚
岗前了解	无	了解我国运输业现状及问题	了解我国运输业现状及问题	魏小刚

☞ 任务资讯

运输是实现人和物空间位置变化的活动，与人类的生产生活息息相关。因此，可以说运输的历史和人类的历史同样悠久。

现代物流在地区经济发展中的重要作用，也越来越为人们所认识，不少省市把发展现代物流列入了重要议事日程。物流现代化是和经济发展水平密切相关的，预计在今后相当长的时期内中国的经济将保持稳定快速增长，和世界经济接轨的趋势也将加强，这是物流事业发展的大环境。

☞ 任务操作

步骤一：运输的定义

物流运输技术主要包括运输设施和运输作业两大类，前者属于运输硬技术，后者属于运输软技术。运输硬技术主要包括运输基础设施，如公路，铁路，海运，运输车等基础设施的完善；运输软技术则包括管理方法，物流技术，物流人员素养等。

物流的运输则专指“物”的载运及输送。它是在不同地域范围间(如两个城市、两个工厂之间，或一大企业内相距较远的两地之间)，以改变“物”的空间位置为目的的活动，是对“物”进行的空间位移。

运输的定义:用设备和工具，将物品从一地点向另一地点运送的物流活动。其中包括集货、分配、搬运、中转、装入、卸下、分散等一系列操作(中国标准物流技术)。

步骤二：运输功能

运输具有两大功能：产品移动和产品暂存。

(一)产品移动

无论产品处于哪种形式，是材料、零部件、装配件、在制品，还是制成品，也不管是在制造过程中将被转移到下一阶段，还是更接近最终的顾客，运输都是必不可少的环节。运输的主要功能就是产品在价值链中的来回移动。既然运输利用的是时间资源、财务资源和环境资源，那么，只有当它确实提高产品价值时，该产品的移动才是重要的。

运输之所以涉及到利用时间资源，是因为产品在运输过程中是难以存取的。这种产品通常是指转移中的存货，是各种供应链战略，如准时化和快速响应等业务所要考虑的一个因素，以减少制造和配送中心的存货。

运输之所以要使用财务资源，是因为产生于驾驶员劳动报酬、运输工具的运行费用，以及一般杂费和行政管理费用分摊。此外，还要考虑因产品灭失损坏而必须弥补的费用。

运输直接和间接地使用环境资源。在直接使用方面，运输是能源的主要消费者之一;在间接使用环境资源方面，由于运输造成拥挤、空气污染和噪声污染而产生的环境费用。

运输的主要目的就是要以最少的时间、财务和环境资源成本，将产品从原产地转移到规定地点。此外，产品灭失损坏的费用也必须是最低的;同时，产品转移所采用的方式必须能满足顾客有关交付履行和装运信息的可得性等方面的要求。

(二)产品暂存

对产品进行临时储存是一个不太寻常的运输功能，也即将运输车辆临时作为储存设施。然而，如果转移中的产品需要储存，但在短时间内(例如几天后)又将重新转移的话，那么，该产品在仓库卸下来和再装上去的成本也许会超过储存在运输工具中每天支付的费用。

在仓库空间有限的情况下，利用运输车辆储存也许不失为一种可行的选择。可以采取的一种方法是，将产品装到运输车辆上去，然后采用迂回线路或间接线路运往其目的地。对于迂回线路来说，转移时间将大于比较直接的线路。当起始地或目的地仓库的储存能力受到影响时，这样做是合情合理的。在本质上，这种运输车辆被用作一种临时储存设施，但它是移动的，而不是处于闲置状态。

概括地说，如果用运输工具储存产品可能是昂贵的，但当需要考虑装卸成本、储存能力成本，或延长前置时间的能力时，那么从物流总成本或完成任务的角度来看或许是正确的。

步骤三：运输作用

(一)保值

货物运输有保值作用。也就是说，任何产品从生产出来到最终消费，都必须经过一段时间、一段距离，在这段时间和距离过程中，都要经过运输、保管、包装、装卸搬运等多环节、多次数的货物运输活动。在这个过程中，产品可能会淋雨受潮、水浸、生锈、破损、丢失等。货物运输的使命就是防止上述现象的发生，保证产品从生产者到消费者移动过程中的质量和数量，起到产品的保值作用，即保护产品的存在价值，使该产品在到达消费者时使用价值不变。

(二)节约

搞好运输，能够节约自然资源、人力资源和能源，同时也能够节约费用。比如，集装箱化运输，可以简化商品包装，节省大量包装用纸和木材；实现机械化装卸作业、仓库保管自动化，能节省大量作业人员，大幅度降低人员开支。重视货物运输可节约费用的事例比比皆是。被称为“中国货物运输管理觉醒第一人”的海尔企业集团，加强运输管理，建设起现代化的国际自动化货物运输中心，一年时间将库存占压资金和采购资金，从15亿元降低到7亿元，节省了8亿元开支。

(三)缩短距离

货物运输可以克服时间间隔、距离间隔和人的间隔，这自然也是货物运输的实质。现代化的货物运输在缩短货物运输距离方面的例证不胜枚举。在北京可以买到世界各国的新鲜水果，全国各地的水果也常年不断；邮政部门改善了货物运输，使信件大大缩短了时间距离，全国快递两天内就到；美国联邦快递，能做到隔天送达亚洲15个城市；日本的配送中心可以做到，上午10点前订货、当天送到。这种运输速度，把人们之间的地理距离和时间距离一下子拉得很近。随着货物运输现代化的不断推进，国际运输能力大大加强，极大地促进了国际贸易，使人们逐渐感到这个地球变小了，各大洲的距离更近了。

城市里的居民不知不觉地享受到货运进步的成果。南方产的香蕉全国各大城市一年四季都能买到；新疆的哈密瓜、宁夏的白兰瓜、东北大米、天津小粘米等都不分季节地供应市场，则是国际运输业发达，国际运费降低的缘故。

(四)增强企业竞争力

在物资短缺年代，企业可以靠扩大产量、降低制造成本去攫取第一利润。在物资丰富的年代，企业又可以通过扩大销售攫取第二利润。可是在新世纪和新经济社会，第一利润源和第二利润源已基本达到了一定极限，目前剩下的一块“未开垦的处女地”就是运输。降价是近几年家电行业企业之间主要的竞争手段，降价竞争的结果是企业总成本的降低，即功能、质量、款式和售后服务以外的成本降价，也就是降低运输成本。

国外的制造企业很早就认识到了货运是企业竞争力的法宝，搞好运输可以实现零库存、零距离和零流动资金占用，是提高用户服务，构筑企业供应链，增加企业核心竞争力的重要途径。在经济全球化、信息全球化和资本全球化的21世纪，企业只有建立现代货物运输结构，才能在激烈的竞争中，求得生存和发展。

(五)加快商品流通

配送中心的设立为连锁商业提供了广阔的发展空间。利用计算机网络，将超市、配送中心和供货商、生产企业连接，能够以配送中心为枢纽形成一个商业、运输业和生产企业的有效组合。有了计算机迅速及时的信息传递和分析，通过配送中心的高效率作业、及时配送，并将信息反馈给供货商和生产企业，可以形成一个高效率、高能量的商品流通网络，为企业管理决策提供重要依据，同时，还能够大大加快商品流通的速度，降低商品的零售价格，提高消费者的购买欲望，从而促进国民经济的发展。

（六）保护环境

比如，在城市外围多设几个货物运输中心、流通中心，大型货车不管白天还是晚上就都不用进城了，只利用二吨小货车配送，夜晚的噪音就会减轻；政府重视货物运输，大力建设城市道路、车站、码头，城市的交通阻塞状况就会缓解，空气质量自然也会改善。

（七）创造社会效益

实现装卸搬运作业机械化、自动化，不仅能提高劳动生产率，而且也能解放生产力。把工人从繁重的体力劳动中解脱出来，这本身就是对人的尊重，是创造社会效益。

比如，日本多年前开始的“宅急便”、“宅配便”，国内近年来开展的“宅急送”，都是为消费者服务的新行业，它们的出现使居民生活更舒适、更方便。当你去滑雪时，那些沉重的滑雪用具，不必你自己扛、自己搬、自己运，只要给“宅急便”打个电话就有人来取，人还没到滑雪场，你的滑雪板等用具已经先到了。

再如，超市购物时，那里不单单是商品便宜、安全，环境好，而且为你提供手推车，你可以省很多力气，轻松购物。手推车是搬运工具，这一个小小的服务，就能给消费者带来诸多方便，这也是创造了社会效益。

步骤四：运输的特点

（一）运输具有生产的本质属性

运输的生产过程是以一定的生产关系联系起来的、具有劳动技能的人们使用劳动工具（如车、船、飞机及其他设施）和劳动对象（货物和旅客）进行生产，并创造产品的生产过程。运输的产品，对旅客运输来说，是人的空间位移；对货物运输来说，是货物的空间位移。显然，运输是以改变“人和物”的空间位置为目的的生产活动，这一点和通常意义下以改变劳动对象物理、化学、生物属性为主的工农业生产不同。

（二）运输生产是在流通过程中完成的

运输是把产品从生产地运往消费地的活动，因此从整个社会生产过程来说，运输是在流通领域内继续的生产过程，并在其中完成。

（三）运输产品是无形的

运输生产不像工农业生产那样改变劳动对象的物理、化学性质和形态，而只改变劳动对象的空间位置，并不创造新的实物形态产品。因此，在满足社会运输需求的情况下，多余的运输产品或运输支出，都是一种浪费。

（四）运输产品属于边生产边消费

工农业产品的生产和消费在时间和空间上可以完全分离，而运输产品的生产和消费不论在时间和空间上都是不可分离地结合在一起的，属于边生产边消费。

（五）运输产品的非储存性

由于运输产品是无形的，不具有物质实体，又由于它的边生产边消费属性，因此运输产品既不能调拨，也不能存储。

（六）运输产品的同一性

对不同的运输方式来说，虽然他们使用不同的运输工具，具有不同的技术经济特征，在不同的线路上进行运输生产活动，但它们对社会具有相同的效用，即都实现了物品的空间位移。运输产品的同一性使得各种运输方式之间可以相互补充、协调、替代，形成一个有效的综合运输系统。

步骤五：运输与物流各环节之间的关系

(一)运输与装卸的关系

运输活动必然伴随着装卸活动。一般来说，运输发生一次，往往伴有两次装卸活动，即运输前、后的装卸作业。货物在运输前的装车、装船等活动是完成运输的先决条件，此时，装卸质量的好坏，将对运输产生巨大的影响。装卸工作组织得力，装卸活动开展顺利，可以使运输工作顺利进行。当货物通过运输到达所应到达的地点后，装卸又是各种运输方式的衔接环节。当一种运输方式与另一种运输方式进行必要的变更时，如铁路运输变为公路运输、水路运输变为铁路运输等，都必须依靠装卸作为运输方式变更的必要衔接手段。

(二)运输与储存的关系

储存保管是货物暂时停滞的状态，是货物投入消费前的准备。货物的储存量虽直接决定于需要量，但货物的运输对储存也会带来重大影响。当仓库中储存一定数量的货物而消费领域又对其急需时，运输就成了关键。如果运输活动组织不善或运输工具不得力，就会延长货物在仓库中的储存时间，增大货物储存量，而且还会增大货物损耗。

(三)运输与配送的关系

在企业的物流活动中，将货物大批量、长距离地从生产工厂直接送达客户或配送中心称为运输。货物再从配送中心就近发送到地区内各客户手中称为配送。

(四)运输与包装的关系

货物包装的材料、规格、方法等都不同程度地影响着运输。包装的外廓尺寸应该充分与运输车辆的内轮廓尺寸相吻合，这对于提高货物的装卸率有重要意义，将给物流水平的提高带来巨大影响。

步骤六：我国运输业现状及问题

(一)我国运输业现状

根据中国铁路总公司发布的数据，截至2014年底，全国铁路运营总里程已突破11万公里，其中高铁运营总里程超过1.5万公里，位居世界第一。比2005年底增加了3.46万公里，增长了45.9%。

2015年1月29日，交通部新闻发言人徐成光通报2014年交通运输经济运行情况时表示，去年客运增速缓中趋稳，结构进一步优化。预计2014年全年铁路、公路、水路、民航完成客运量220.1亿人，同比增长3.7%，增速较上年放缓1.1个百分点。

一是客运增速缓中趋稳，结构进一步优化。预计全年铁路、公路、水路、民航完成客运量220.1亿人，同比增长3.7%，增速较上年放缓1.1个百分点。其中铁路、民航客运量保持较快增长，全年预计分别增长10.4%和10.1%，公路客运量全年增长2.8%。

二是货运增速换档调整，快递业务持续高速增长。预计全年铁路、公路、水路、民航完成货运量432.1亿吨，同比增长7.2%，增速较上年放缓2.7个百分点。其中公路、水路货运量分别增长8.7%和6.4%，较上年均有所放缓，铁路货物发送量下降3.9%。在电子商务快速发展带动下，快递业务实现高速增长，全年预计完成快递业务量 140 亿件，同比增长 52%，完成业务收入 2032 亿元，增长 41%。

三是港口生产有所放缓，集装箱吞吐量增速回落。预计全年规模以上港口完成货物吞吐量 111.6 亿吨，同比增长 4.8%，增速较上年放缓 4.1 个百分点。其中内、外贸吞吐量分别增长 4.3% 和 5.9%，放缓 4.3 个和 3.8 个百分点。全年规模以上港口完成集装箱吞吐量 2.0 亿标箱，同比增长 6.1%，增速较上年回落 1.0 个百分点。四是交通固定资产投资保持较快增长，交通基础设施建设稳步推进。预计全年完成铁路公路水路固定资产投资 2.5 万亿元，其中铁路完成 8000 亿元建设任务，公路、水运分别完成投资 15256 亿元和 1458 亿元，分别增长 11.4% 和下降 4.6%。

（二）我国运输业所存在的问题

1. 效率低

首先，我国与发达国家在物流成本方面、周转速度方面以及产业化方面存在较大差距，服务水平和效率方面都比较低。我国每万元 GDP 产生的运输量为 4972 吨公里，而美国和日本的这一指标分别为 870 吨公里和 700 吨公里。

首先，我国物流系统各环节的衔接较差，运转效率不高，反映为货物在途时间、储存时间、基础设施劳动生产率等方面均有较大改善和提高的余地。仅以货运汽车的生产率水平为例，美国营运汽车的单车吨年产量约为 66 万吨公里，而中国这一指标仅为 3 万吨公里左右。其次，速度慢。目前我国铁路货车的运营速度仅 46.4 公里左右，散装、集装箱等高效运输方式比重较低，装卸时间较长；公路货车的运营速度也不足 50 公里；内河航运速度更低；原材料、半成品及产成品的在库周转时间平均在 3 – 6 个月左右。

此外，根据调研及有关资料分析，我国许多商品总成本中，物流费用已占到 20% – 40%，每年因包装造成的损失约 150 亿元，因装卸、运输造成的损失约 500 亿元，保管不善造成的损失在 30 亿元上下，公路货运因缺乏合理的物流组织，空驶率多年来保持在 50% 左右；铁路因能力不足，使相当数量的商品失去销售机会或无法保证企业为客户提供满意的服务；水运因运输组织方式不能适应市场需求变化，使许多产品失去了低价运输的途径。

2. 兼容性差

总体来看，我国现有的物流基础设施虽然有了很大发展，但是还比较落后。按国土面积和人口数量计算的运输网络密度，我国仅为 1344.48 公里/万平方公里，而美国为 6869.3 公里/万平方公里，德国为 14680.4 公里/万平方公里，印度为 5403.9 公里/万平方公里。这方面，我们不仅落后于欧美发达国家，与印度等发展中国家相比也有较大差距，如果按人口计算则差距更大（国务院发展研究中心《调查研究报告》总 1417 期）。

在条块分割、多头管理的传统模式影响下，我国各种物流基础设施的规划和建设缺乏必要的协调，因而物流基础设施的配套性、兼容性差，导致系统功能不强。各种运输方式之间、不同地区运输系统之间相互衔接的枢纽设施建设方面缺乏投入，对物流产业发展有重要影响的各种综合性货运枢纽、物流基地、物流中心建设发展缓慢。

我国物流系统一般技术水平低，装备落后。在仓储设施方面，第三方物流企业拥有的仓库 70% 是普通平房仓库，现代化立体自动化仓储设施比例极低，具有冷藏、保鲜、气调功能的仓库更少。在使用的搬运工具中，人工搬运车、手推叉车和普通起重设备占到 70% 以上，而可视屏叉车等现代化的搬运工具却很少采用。在运输工具方面，第三方物流企业拥有的运输车辆中，普通车辆占70%以上，而现代化的箱式货柜和集装箱拖头及特种运输车辆却很少。物流企业开发和使用的物流信息软件，性能水平不高，即使有些软件比较适用，但有时又与客户系统不兼容。

3. 建设滞后

物流是跨地区、跨行业的运作系统，标准化程度的高低不仅关系到各种物流功能、要素之间的有效衔接和协调发展，也在很大程度上影响着全社会物流效率的提高。我国物流标准化滞后一是表现在缺乏有关的标准及规章制度，同时在推行标准方面也缺乏必要的力度。例如，各种运输方式之间装备标准不统一，海运与铁路集装箱标准存在差异，在一定程度上影响着我国海铁联运规模的扩展，对我国国际航运业务的拓展、港口作业效率的提高以及进出口贸易的发展都有一定程度的影响。二是物流器具标准不配套，特别是现有托盘标准列入了国际标准中所有4种规格，也没有推行的原则，这样等于没有标准。托盘标准和各种运输装备、装卸设备标准之间都有衔接关系，这就影响了托盘在整个物流过程中的有效使用。三是产品包装标准与物流设施标准之间缺乏有效的衔接，虽然目前我国对商品包装已有初步的国家和行业标准，但在与托盘和各种运输装备、装卸设施、仓储设施相衔接的集装单元化包装标准方面还比较欠缺，这对各种运输工具的装载率、装卸设备的荷载率、仓储设施空间利用率方面的影响较大。四是信息系统之间缺乏接口标准，工商企业内部物流信息系统与第三方信息系统之间缺乏有效衔接，运输信息系统、仓储信息系统、物流作业管理信息系统之间互不沟通，由于没有公共物流信息交流平台，以EDI互联网等为基础的物流信息系统难以得到实际应用。

4. 机制障碍

在计划经济体制下，各个行业从上到下一统到底，行业之间、部门之间管理体系分割现象严重，在向市场经济转型的过程中，习惯势力仍然有一定影响。物流产业的发展涉及到基础设施、物流技术设备、产业政策、投资融资、税收、海关、服务、与运输标准等多个方面，而这些问题的管理分属于不同的政府职能部门，各职能部门对现代物流认识不足和缺乏统一协调的战略思想，成为物流产业发展的主要瓶颈之一。

由于经济利益部门化和地区化弊端的存在，我国在物流业的管理体制和机制上的协调能力较差。物流业涉及交通运输、经贸、外经贸、城市管理、公安、税务、海关、商品检验检疫等多个部门，这些部门的管理职能、管理方式和制度体系等存在较大不同，在对物流业实施管理的过程中，因管理之间的体制及机制性原因，造成物流业发展的许多困难。条块分割计划经济体制的管理体制及机制的影响，许多部门政企尚未实现真正的分开，从而形成了多部门管理的条条之间的基于部门利益的分割状态，使得管理的能力因分割而受到局限和制约，造成管理水平的提高较为缓慢。此外，由于地区的经济利益驱动，地方管理成为地方利益的体现，助长了地方保护主义。我国相当一部分省市间的市场壁垒，使网络化物流服务企业的成长变得相当困难。

☞ 任务评分

班级		姓名		小组			
任务名称	认知运输						
考核内容		评价标准	参考分值(100)	学生自评	小组互评	教师评价	考核得分
职业素养情况	1	具有良好的沟通能力	5				
	2	具有信息搜集能力	5				
	3	在任务实施过程中具有较强的总结能力	10				
知识掌握情况	4	掌握物流运输的功能和作用	10				
	5	了解物流运输的概念和特点	5				
	6	熟悉运输与物流各环节之间的关系	10				
	7	了解我国运输业现状及问题	5				
能力提升情况	8	能够对运输有清晰的认识	10				
	9	能够对运输管理的任务有清晰的认识	10				
	10	能够主动搜集所需信息，进行自主学习	10				
参与活动情况	11	积极参与任务实施	5				
	12	积极参与小组讨论	5				
	13	积极回答老师提问	10				
小计							
合计 = 自评 * 20% + 互评 * 40% + 教师评 * 40%							

☞ 知识考核

一、单选题

1.(　　)是用设备和工具，将物品从一地点向另一地点运送的物流活动。

A. 配送　　B. 运输　　C. 搬运　　D. 送货

2. 运输的主要目的就是要以(　　)、财务和环境资源成本，将产品从原产地转移到规定地点。

A. 最小的费用　　B. 最高的效率

C. 最少的时间　　D. 最好的服务

3. 运输具有(　　)的本质属性。

A. 生产　　B. 劳动　　C. 服务　　D. 价值

二、多选题

1. 运输的特点有(　　)。

A. 运输产品的同一性生产

B. 运输产品属于边生产边消费

C. 运输产品的非储存性

D. 运输产品是无形的

2. 运输提供两大功能是(　　)。

A. 搬运装卸　　B. 信息处理　　C. 物品移动　　D. 货物暂存

3. 我国运输业所存在的问题是(　　)。

A. 效率低　　B. 兼容性差　　C. 建设滞后　　D. 机制障碍

三、判断题

1. 运输作用包括:保值、节约、缩短距离、增强企业竞争力、加快商品流通、保护环境、创造社会效益等。(　　)

2. 物流运输技术主要包括运输设施和运输作业两大类,前者属于运输软技术,后者属于运输硬技术。(　　)

3. 运输产品的生产和消费不论在时间和空间上都是不可分离地结合在一起的,属于边生产边消费。(　　)

4. 货物包装的材料、规格、方法等都不同程度地影响着运输。(　　)

任务二　运输方式认知

☞ 任务目的

1. 了解五种基本运输方式;
2. 掌握五种基本运输方式的特点及适用对象;
3. 运输合理化的作用;
4. 不合理化运输的形式。

☞ 任务内容

运输主管贺成坐在办公室里,听着魏小刚报告自己学习运输基本知识的情况。听完之后,肯定了魏小刚的学习成果,并交给了魏小刚第二个任务——了解运输的基本方式。

☞ 任务准备

计算机、互联网

☞ 任务分工

岗位	岗位职责	主要内容	技能要求与基本素质	对应人员
岗前了解	无	了解五种基本运输方式	了解五种基本运输方式	魏小刚
岗前了解	无	掌握五种基本运输方式的特点及适用对象	掌握五种基本运输方式的特点及适用对象	魏小刚
岗前了解	无	掌握运输合理化的作用	掌握运输合理化的作用	魏小刚
岗前了解	无	熟悉不合理化运输的形式	熟悉不合理化运输的形式	魏小刚

☞ 任务资讯

自古以来，交通运输就是人类生存、发展的重要活动之一。物流作为现代社会经济活动的重要组成部分，在其发展和运行过程中，同交通运输的关系更为密切。早期，物流几乎不具有明确的内涵，常常被视同运输；随着物流内涵的扩展和物流功能的不断完善，物流形成了包含有运输、储存、包装、装卸搬运等功能的完整体系，但是运输在整个物流活动中，始终居于核心地位。

在物流活动中，运输承担了物品在空间各个环节的位置转移，解决了供给者和需求者之间场所的分离，是物流创造“空间效应”的主要功能要素，具有以时间(速度)换取空间的特殊功能，是城市、区域、国家以及国际物流经济发展的启动器。

在现代社会，运输方式的合理选择可以降低物流成本，提高工作效率。

☞ 任务操作

步骤一：基本运输方式

(一)铁路运输

铁路货物运输是现代运输的主要方式之一，也是构成陆上货物运输的两个基本运输方式之一。它在整个运输领域中占有重要的地位，并发挥着愈来愈重要的作用。

1. 铁路运输的特点

(1)运输能力大；

(2)运行速度快；

(3)运输成本低；

(4)安全程度较高；

(5)能耗低；

(6)通用性好；

(7)机动性差；

(8)投资大，建设周期长；

(9)占地面积少；

(10)受自然环境影响小；

(11)连续性好。

2. 铁路运输的适宜对象

大宗低值货物的中、长距离运输，比较适合散装货物和罐装货物运输;适于大量货物一次高效的运输;对于运费负担能力小、货物批量大、运输距离长的货物运输来说，运费比较便宜。由于铁路运输是靠铁路线进行，因此对于铁路网不发达的地区受到一定限制。

(二)水路运输

水路运输是以船舶为主要运输工具、以港口或港站为运输基地、以水域包括海洋、河流和湖泊为运输活动范围的一种运输方式。水运至今仍是世界许多国家最重要的运输方式之一。

1. 水路运输有四种形式

(1)沿海运输。是使用船舶通过大陆附近沿海航道运送客货的一种方式，一般使用中、小型船舶。

(2)近海运输。是使用船舶通过大陆邻近国家海上航道运送客货的一种运输形式，视航程可使用中型船舶，也可使用小型船舶。

(3)远洋运输。是使用船舶跨大洋的长途运输形式，主要依靠运量大的大型船舶。

(4)内河运输。是使用船舶在陆地内的江、河、湖、川等水道进行运输的一种方式，主要使用中、小型船舶。

2. 水路运输与其他运输方式相比所具有的特点:

(1)运载能力大;在所有五种基本运输方式中，水路运输能力最大。

(2)运输成本低;

(3)建设投资少;

(4)能耗低;

(5)受自然条件的限制与影响大;

(6)平均运距长;

(7)劳动生产率高。

3. 水路运输的适宜对象

水路运输适宜承担运距长、运量大、体积大、价值低、不易腐烂、对运输时间要求不高的各种大宗货物的运输，尤其是国际间的货物运输。

(三) 公路运输

1. 公路运输特点

(1)运量小;

(2)投资少;

(3)机动灵活、可实现门到门运输;

(4)能耗大;

(5)持续性差;

(6)运输成本高;

(7)安全性较低。

2. 公路运输的适宜对象

公路运输比较适宜在短距离的独立运输作业;适宜短途配送鲜活易腐货物;适宜作为与其他运输补充和衔接其他运输方式，以及远离铁路的内陆地区从事干线运输。

(四) 航空运输

1. 航空运输的特点

(1)运行速度快;

(2)机动性能好;

(3)运输成本高;

(4)受自然条件的限制与影响大;

(5)安全性最高。

2. 航空运输的适宜对象

适合于附加值高、质量轻、体积小、运输费用负担能力强的中长距离运输;适合于货物紧急运输,航空运输价最高,速度最快,安全性也最高。

(五) 管道运输

1. 管道运输的特点

(1)运量大;

(2)运输工程量小,占地少;

(3)能耗低;

(4)货损货差少;

(5)基本上不受天气影响;

(6)专用性强。

2. 管道运输的适宜对象

管道运输适宜长距离输送液体、气体、粉状固体物资。

步骤二:运输合理化

(一)运输合理化概念及作用

1. 运输合理化的概念

运输合理化是指从物流系统的总体目标出发,按照货物流通规律,运用系统理论和系统工程原理和方法,合理利用各种运输方式,选择合理的运输路线和运输工具,以最短的路径、最少的环节、最快的速度和最少的劳动消耗,组织好货物的运输与配送,以获取最大的经济效益。

2. 运输合理化的作用

物流过程的合理运输,就是从物流系统的总体目标出发,按照货物流通规律,运用系统理论和系统工程原理和方法,合理利用各种运输方式,选择合理的运输路线和运输工具,以最短的路径、最少的环节、最快的速度和最少的劳动消耗,组织好货物的运输与配送。运输合理化的重要作用可归结如下:

(1)合理组织货物运输,有利于加速社会再生产的进程,促进国民经济持续、稳定、协调地发展。按照市场经济的基本要求,组织货物的合理运输,可以使物质产品迅速地从生产地向消费地转移,加速资金的周转,促进社会再生产过程的顺利进行,保持国民经济稳定、健康地发展。

(2)货物的合理化运输,能节约运输费用,降低物流成本。运输费用是构成物流费用(成本)的主要部分。物流过程的合理运输,就是通过运输方式、运输工具和运输路线的选择,进行运输方案的优化,实现运输合理化。运输合理化必然会达到缩短运输里程,提高运输工具的运用效率,从而达到节约运输费用、降低物流成本的目的。

(3)合理化的运输，缩短了运输时间，加快了物流速度。运输时间的长短决定着物流速度的快慢。所以，货物运输时间是决定物流速度的重要因素。合理组织运输活动，可使被运输的货物在途时间尽可能缩短，实现到货及时的目的，因而可以降低库存商品的数量，实现加快物流速度的目标。因此，从宏观角度讲，物流速度加快，减少了商品的库存量，节约了资金占用，相应地提高了社会物质产品的使用效率，同时也利于促进社会化再生产过程。

(4)运输合理化，可以节约运力，缓解运力紧张的状况，还能节约能源。运输合理化克服了许多不合理的运输现象，从而节约了运力，提高了货物的通过能力，起到合理利用运输能力的作用。同时，由于货物运输的合理性，降低了运输中的能源消耗，提高能源利用率。这些对于缓解我国目前运输和能源紧张情况具有重要作用。

3. 运输合理化五要素

(1)运输距离。运输过程中，运输时间、运输运费等若干技术经济指标都与运输距离有一定的关系，运距长短是运输是否合理的一个最基本的因素。

(2)运输环节。每增加一个运输环节，势必要增加运输的附属活动，如装卸，包装等，各项技术经济指标也会因此发生变化，因此减少运输环节有一定的促进作用。

(3)运输工具。各种运输工具都有其优势领域，对运输工具进行优化选择，最大限度地发挥运输工具的特点和作用，是运输合理化的重要一环。

(4)运输时间。在全部物流时间中绝大部分是运输时间，尤其是远距运输，因此，运输时间的缩短对整个流通时间的缩短起决定性的作用。此外，运输时间缩短，还要加速运输工具的周转，充分发挥运力效能，提高运输线路通过能力，不同程度地改善不合理运输。

(5)运输费用。运费在全部物流费用中占很大的比例，运费高低在很大程度上决定整个物流系统的竞争能力。实际上，运费的相对高低，无论对货主还是对物流企业都是运输合理化的一个重要的标志。运费的高低也是各种合理化措施是否行之有效的最终判断依据之一。

步骤三：不合理化运输的形式

不合理化运输是在现有条件下可以达到的运输水平而末达到，从而造成了运力浪费、运输时间增加、运费超支等问题的运输形式。目前我国存在的主要不合理运输形式有：

1. 返程或起程空驶

空车无货载行驶，可以说是不合理化运输的最严重形式。在实际运输组织中，有时候必须调运空车，从管理上不能将其看成不合理化运输。但是，因调运不当，货源计划不周，不采用运输社会化而形成的空驶，是不合理化运输的表现。造成空驶的不合理化运输主要有以下几种原因：

(1)能利用社会化的运输体系而不利用，却依靠自备车送货提货，这往往会出现单程重车，单程空驶的不合理化运输。

(2)由于工作失误或计划不周，造成货源不实，车辆空去空回，形成双程空驶。

(3)由于车辆过分专用，无法搭运回程货，只能单程实车，单程回空周转。

2. 对流运输

亦称“相向运输”、“交错运输”，指同一种货物，或彼此间可以互相代用而又不影响管理、技术及效益的货物，在同一线路上或平行线路上作相对方向的运送，而与对方运程的全部或一部分发生重叠交错的运输称对流运输。已经制定了合理流向图的产品，一般必须按合理流向的方向运输，如果与合理流向图指定的方向相反，也属对流运输。

在判断对流运输时需注意的是，有的对流运输是不明显的隐蔽对流，例如不同时间的相向运输，从发生运输的那个时间看，并无出现对流，可能做出错误的判断，所以要注意隐蔽的对流运输。

3. 迂回运输

是舍近取远的一种运输。可以选取短距离进行运输而不办，却选择路程较长路线进行运输的一种不合理形式。迂回运输有一定复杂性，不能简单处之，只有当计划不周、地理不熟、组织不当而发生的迂回，才属于不合理化运输。如果最短距离有交通阻塞、道路情况不好或有对噪音、排气等特殊限制而不能使用时发生的迂回,不能称不合理化运输。

4. 重复运输

本来可以直接将货物运到目的地，但是在未达目的地之处，或在目的地之外的其他场所将货卸下，再重复装运送运目的地，这是重复运输的一种形式。另一种形式是，同品种货物在同一地点一面运进，同时又向外运出。重复运输的最大毛病是增加了非必要的中间环节，这就延缓了流通速度，增加了费用，增大了货损。

5. 倒流运输

是指货物从销地或中转地向产地或起运地回流的一种运输现象。其不合理程度要甚于对流运输，其原因在于，往返两程的运输都是不必要的，形成了双程的浪费。倒流运输也可以看成是隐蔽对流的一种特殊形式。

6. 过远运输

是指调运物资舍近求远，近处有资源不调而从远处调，这就造成可采取近程运输而未采取，拉长了货物运距的浪费现象。过远运输占用运力时间长、运输工具周转慢、物资，占压资金时间长，远距离自然条件相差大，又易出现货损，增加了费用支出。

7. 运力选择不当

未选择各种运输工具优势而不正确地利用运输工具造成的不合理现象。常见有以下若干形式：

(1)弃水走陆。在同时可以利用水运及陆运时，不利用成本较低的水运或水陆联运，而选择成本较高的铁路运输或汽车运输，使水运优势不能发挥。

(2)铁路、大型船舶的过近运输。不是铁路及大型船舶的经济运行里程却利用这些运力进行运输的不合理做法。主要不合理之处在于火车及大型船舶起运及到达目的地的准备、装卸时间长，且机动灵活性不足，在过近距离中利用，发挥不了运速快的优势。相反，由于装卸时间长，反而会延长运输时间。另外，和小型运输设备比较，火车及大型船舶装卸难度大、费用也较高。

(3)运输工具承载能力选择不当。不根据承运货物数量及重量选择，而盲目决定运输工具，造成过分超载、损坏车辆及货物不满载、浪费运力的现象。尤其是“大马拉小车”现象发生较多。由于装货量小，单位货物运输成本必然增加。

8. 托运方式选择不当

对于货主而言，在可以选择最好的托运方式而未选择，造成运力浪费及费用支出加大的一种不合理化运输。

例如，应选择整车未选择，反而采取零担托运，应当直达而选择了中转运输，应当中转运输而选择了直达运输等都属于这一类型的不合理化运输。

☞ 任务评分

班级			姓名		小组			
任务名称		运输方式认知						
考核内容		评价标准	参考分值(100)	学生自评	小组互评	教师评价	考核得分	
职业素养情况	1	具有良好的沟通能力	5					
	2	具有信息搜集能力	5					
	3	在任务实施过程中具有较强的总结能力	10					
知识掌握情况	4	掌握五种基本运输方式的特点及适用对象	10					
	5	了解五种基本运输方式	5					
	6	掌握运输合理化的作用	10					
	7	熟悉不合理化运输的形式	5					
能力提升情况	8	能够根据情况,选择合适的运输方式	10					
	9	能够针对不合理运输形式,提出改进意见	10					
	10	能够主动搜集所需信息,进行自主学习	10					
参与活动情况	11	积极参与任务实施	5					
	12	积极参与小组讨论	5					
	13	积极回答老师提问	10					
小计								
合计 = 自评 * 20% + 互评 * 40% + 教师评 * 40%								

☞ 知识考核

一、单选题

1. 铁路运输较适宜大宗低值货物的中、长距离运输，比较适合(　　)和罐装货物运输。

A. 散装货物　　B. 大件货物　　C. 危险品货物　　D. 生鲜货物

2. 水路运输适宜承担运距长、运量大、体积大、价值低、不易腐烂、对(　　)要求不高的各种大宗货物的运输。

A. 运输时间　　B. 运输货物　　C. 运输规格　　D. 运输距离

3. 公路运输适宜短途配送(　　)货物。

A. 鲜活易腐　　B. 贵重价高　　C. 货量较大　　D. 大件异形

4. 可以选取短距离进行运输而不办，却选择路程较长路线进行运输的一种不合理形式，这是(　　)。

A. 对流运输　　B. 迂回运输　　C. 过远运输　　D. 重复运输

二、多选题

1. 航空运输适合于附加值高、质量轻、体积小、运输费用负担能力强的(　　)运输。

A. 短距离　　B. 长距离　　C. 中距离　　D. 有效距离

2. 水路运输形式有(　　)。

A. 沿海运输　　B. 远洋运输　　C. 近海运输　　D. 内河运输

3. 管道运输适宜长距离输送(　　)物资。

A. 液体　　B. 气体　　C. 固体　　D. 流体

4. 未选择各种运输工具优势而不正确地利用运输工具造成的不合理现象，常见有以下若干形式(　　)。

A. 弃水走陆

B. 铁路、大型船舶的过近运输

C. 运输工具承载能力选择不当

D. 公路过近运输

三、判断题

1. 公路运输适宜作为与其他运输补充和衔接其他运输方式，以及远离铁路的内陆地区从事干线运输。(　　)

2. 合理组织货物运输，有利于加速社会再生产的进程，促进国民经济持续、稳定、协调地发展。(　　)

3. 应选择整车未选择，反而采取零担托运，应当直达而选择了中转运输，应当中转运输而选择了直达运输等都属于对流运输。(　　)

4. 本来可以直接将货物运到目的地，但是在未达目的地之处，或目的地之外的其他场所将货卸下，再重复装运送达目的地，这是倒流运输的一种形式。(　　)

任务三　企业运输岗位的认知

☞ 任务目的

1. 企业运输的主要岗位；
2. 岗位的工作职责；
3. 学会编写岗位工作职责。

☞ 任务内容

运输主管贺成刚刚接到公司经理秦勇的电话，要求贺成细化几个工作岗位的职责，以便明确责、权、利，更好地开展工作。贺成把魏小刚叫过来，让他协助自己完成这项工作。

☞ 任务准备

计算机、互联网

☞ 任务分工

岗位	岗位职责	主要内容	技能要求与基本素质	对应人员
岗前了解	无	了解企业运输的主要岗位	了解企业运输的主要岗位	魏小刚
岗前了解	无	熟悉各岗位的工作职责	能够撰写工作岗位职责	魏小刚

☞ 任务资讯

岗位，是组织为完成某项任务而确立的，由工种、职务、职称和等级内容组成。职责，是职务与责任的统一，由授权范围和相应的责任两部分组成。岗位职责指一个岗位所要求的需要去完成的工作内容以及应当承担的责任范围。

岗位的目标设定、准备实施、实施后的评定工作都必须由此岗位员工承担，让该岗位员工认识到这个岗位中所发生的任何问题，并由自己着手解决掉，他的上司仅仅只是起辅助他的作用，他的岗位工作是为他自己做的，而不是为他上司或者老板做的，这个岗位是他个人展现能力和人生价值的舞台。

企业在制定岗位职责时，要考虑尽可能一个岗位包含多项工作内容，以便发挥岗位上的员工由于长期从事单一型工作而被埋没了个人的其他才能。丰富的岗位职责的内容，可以促使一个多面手的员工充分地发挥各种技能，也会收到激励员工主动积极工作的意愿的效果。

☞ 任务操作

步骤一：运输经理工作职责

工作任务	具体内容	目标与成果
货物运输管理	1. 负责公司所有车辆的组织、调度和日常管理。	车辆调度合理的、运输费用控制在预算范围内
	2. 调查并掌握竞争对手到达各地区的运输价格，参与本公司运费价格及运补价格的制定工作。	运费价格、物流服务价格有利于实现利润目标
	3. 根据客户的要求和货物的性质，合理选择承运商。	货物按合同规定时间安全送达
验收、包装、送货	1. 根据运单和客户要求，组织人员验收货品。	货品验收入库正确率达到 100%
	2. 根据货物特性和运输要求，选择合适的运输包装，并组织人员搞好运输包装工作。	包装费用控制在预算范围内
	3. 按照商品性质、交货地点、货物特性等进行配载。	货物配载出错率为 0
	4. 根据客户具体情况，选择合适的送货路线。	送货及时率达 100% 成本控制在预算以内
	5. 每天组织相关人员对货物到达情况进行确认，随时掌握货物在途情况，以便及时解决突发事件。	突发事件解决率达到 90% 以上
运输部门关系维护	负责协调公司与铁路部门、航空公司、船运机构的合作关系，保障公司各种运输路线的通畅。	相关部门合作满意度较高
部门人员管理	负责组织本部门员工的招聘、调配、培训及考核工作，不断提高本部门员工的基本素质及业务能力。	部门员工年度无重大事故，考核达到 80 分以上

步骤二：调度主管工作职责

工作任务	具体内容	目标与成果
运输配送货物	1. 根据客户运单制订合理的货物调度计划，并根据计划进行货物调度，做好到达货物的配送及返程货物的及时提取工作。	因调度失误造成货物延迟送达、未按照提取的次数每季度不超过5%
	2. 若接到客户提货电话，应在最短时间内通知就近司机前去提货。	
	3. 协助相关人员做好铁路运输货物的短倒、上站和装车工作，以及协助做好海运货物的装箱或发货安排工作。	
自有车辆管理	1. 根据业务员上报当天返程货物数量及当天到货数量，合理制订出车计划，准确快速地调度公司自有车辆。	车辆调度合理、有效，配送任务按照完成率达98%
	2. 合理安排车辆的出勤，制订车辆的检修保养计划，保证出车安全。	车辆保养按计划完成达100%
	3. 若是司机在运输途中反映车辆出现异常状况，应及时确认产生异常的原因及程度，本着节约的原则，确定维修地点及维修方式。	车辆在途异常维修费用控制在预算范围内
运输单据管理	1. 定期或不定期检查驾驶员填写车辆行程、费用统计表的规范程度，并于月底进行月度审核。	车辆行程、费用统计表抽检合格率达98%以上
	2. 负责车辆过桥过路费、油耗等费用的审核，做好适合运费及相关费用的控制。	相关费用控制在预算范围内
	3. 做好与挂靠司机就发货清单、货物托运单位等相关手续的交接工作，并做好保管。	配送单据齐全、填写符合规范
驾驶员管理	1. 严格执行本公司的自有车辆管理制度，负责对驾驶员的提货、开票等业务知识进行培训和考核。	驾驶员业务知识培训计划完成率达100%
	2. 每天跟踪驾驶员当天运费收取情况，发现异常及时查找原因，并上报部门经理。	收取运费差错率为0
	3. 若发现驾驶员在运输途中有怠工、拖延、公车私用的现象，应立即采取追查责任。	不合理现象发生次数每季度不超过5次

步骤三：运输主管工作职责

工作任务	具体内容	目标与成果
运输路线规划	1. 根据公司物流合同的要求和货物的特点，积极设计最佳送货路线及运输方式，报领导审批后，组织执行。	达成率 100%
	2. 重要合同需要反复设计多套运输路线，会同有关部门和人员进行综合评选，选择合适的运输路线、报领导审批后，组织执行。	达成率 100%
运输商选择	根据物流服务合同及货物的性质，评价公司有无能力独自承担运输，如无力承担全部运输责任，应选择合适的运输商报领导审批后，签运输合同，并监督、检查执行情况。	确保货物准时运抵客户指定地点
突发问题处理	1. 及时受理运输过程中的突发事件，积极制定解决问题的方案。	突发事件及时解决率达 100%
	2. 对于重大丢失、损毁等事故，应亲临现场，根据情况制定解决办法，报领导审批后，组织解决，及时总结问题产生的原因。	重大事故及时解决率达 100%
	3. 评价送货员的工作质量、工作及时完成率和费用情况。	评价及时、公正
货物交接手续办理	1. 货物运输前、协同仓储部相关人员办理货物出库手续，并签字确认。	货物出库手续齐全
	2. 货物运抵目的地时，办理货物交接验收手续，并及时提交有关人员，向客户催收运费。	货物交接验收手续齐全

步骤四：调度员工作职责

工作任务	具体内容	目标与成果
下达派车单	根据调度计划开具派车单，并按公司的要求详细填好时限、客户名称、地点、路线、数量、价格、目的地等内容，及时下达给驾驶员及其他相关人员。	派车单填写符合规范，及时下达率达 100%

续表

车辆在途跟踪	1. 熟悉每位驾驶员的出车路线，跟踪车辆的在途情况，及时通知驾驶员就近提取客户托运的货物。	客户货物提取及时通知率达 100%
	2. 若货车在规定时限内未返回公司，应及时进行电话追踪，发生异常情况时，立即通知相关人员协助处理。	在途车辆异常反馈及时率达 100%
单据管理	1. 督促驾驶员如实、准确地填写车辆费用统计表，月底汇总后交调度主管进行审核。	车辆行程、费用统计表抽检合格率达 98% 以上
	2. 整理、保管单据，如发货清单、托运单，过桥过路费用及油耗交易凭证。	单据齐全，归档及时率 100%

☞ 任务评分

班级			姓名		小组		
任务名称		企业运输岗位认知					
考核内容		评价标准	参考分值(100)	学生自评	小组互评	教师评价	考核得分
职业素养情况	1	具有良好的沟通能力	5				
	2	具有信息搜集能力	5				
	3	在任务实施过程中具有较强的总结能力	10				
知识掌握情况	4	了解运输经理的工作职责	10				
	5	熟悉运输经理的工作职责	5				
	6	熟悉调度经理的工作职责	10				
	7	掌握调度员的工作职责	5				
能力提升情况	8	能够了解企业运输各岗位工作职责	10				
	9	能够根据要求，撰写工作职责	10				
	10	能够主动搜集所需信息，进行自主学习	10				
参与活动情况	11	积极参与任务实施	5				
	12	积极参与小组讨论	5				
	13	积极回答老师提问	10				
小计							
合计 = 自评 * 20% + 互评 * 40% + 教师评 * 40%							

操作习题作业

☞ 模拟案例

贺成把细化送货员工作职责的任务交给了魏小刚，如果你是魏小刚，你应该从几个方面考虑？请写出送货员工作职责。

☞ 知识考核

一、单选题

1.（　　）负责公司所有车辆的组织、调度和日常管理。

A. 运输主管　　B. 调度主管　　C. 运输经理　　D. 调度员

2. 合理安排车辆的出勤，制订车辆的检修保养计划，保证出车安全，是（　　）工作职责。

A. 运输主管　　B. 调度主管　　C. 运输经理　　D. 调度员

3. 评价送货员的工作质量、工作及时完成率和费用情况是运输主管（　　）工作职责。

A. 车辆在途跟踪　　B. 运输商选择

C. 货物交接手续办理　　D. 突发问题处理

二、多选题

1. 调度员需要整理、保管单据，如：（　　）。

A. 发货清单　　B. 托运单

C. 过桥过路费用　　D. 油耗交易凭证

2. 调度主管若发现驾驶员在运输途中有（　　）的现象，应立即采取追查责任。

A. 吸烟　　B. 拖延　　C. 公车私用　　D. 怠工

3. 运输经理负责组织本部门员工的（　　），不断提高本部门员工的基本素质及业务能力。

A. 招聘　　B. 调配　　C. 考核工作　　D. 培训

三、判断题

1. 调度员对货车在规定时限内未返回公司，应及时进行电话追踪，发生异常情况时，立即通知相关人员协助处理。（　　）

2. 运输主管对于重大丢失、损毁等事故，可以不必亲临现场。（　　）

3. 调度主管需要合理安排车辆的出勤，制订车辆的检修保养计划，保证出车安全。按计划完成保养率98%以上。（　　）

模块二 运输合同管理 2

▶学习要点

1. 了解合同的概念；
2. 了解运输合同的概念、分类、特征；
3. 熟知货物运输合同的效力和内容；
4. 能够掌握填写运单；
5. 熟知货物运输合同的处理方式。

案例导入

2015 年 3 月 2 日上午 8:00，贺成开完部门例会后，了解魏小刚这几天的实习情况，对魏小刚的实习情况比较满意。于是，贺成决定让魏小刚到开单室学习开运单。魏小刚对于开运单这样一项工作还不是太了解，有点摸不着头脑，于是，大胆地对贺成说："贺主管，开运单我不是太了解，我担心做不好。"

"这个不要紧的，工作嘛，总是从不会开始的，不要有畏难情绪，有什么不明白的可以过来问我。提示你一下，这个运单实际上就是一个简化的运输合同，你可以去了解一下运输合同的内容。"贺成答道。

魏小刚说："好的，我就先去了解一下有关运输合同的内容，再开运单。"

任务一 运输合同的订立

☞ 任务目的

1. 了解合同的概念；
2. 了解运输合同的概念；
3. 熟知运输合同分类、特征；
4. 熟知货物运输合同的效力和内容；
5. 能够独立填写运单。

☞ 任务内容

2015 年 3 月 2 日上午 9:00，桂林大瑞商贸公司业务经理江小鱼通过公司电话 0773－5685568 打给魏小刚，要求到公司所在地桂林市中隐路 47 号提货，在提货时就全部付清运费。货物发往广州市番禺区中山路 157 号广州云彩机械贸易公司，收货人是洪明，联系电话 0755－6517××××。货品具体内容如下：

机械配件 5 件，每件货品 20KG，纸箱包装，货物价值 30000 元，运费 620 元，保费为货物价值的 3‰。

☞ 任务准备

计算机、互联网、笔、纸、运单

☞ 任务分工

岗位	岗位职责	主要内容	技能要求与基本素质	对应人员
岗前了解	无	了解货物运输合同	了解合同的概念； 了解运输合同的概念； 熟知运输合同分类、特征； 熟知货物运输合同的效力和内容。	魏小刚
单证信息员	开运单	根据实际情况，正确填写运单上的各项内容	充分了解运单的各项内容； 迅速、准确、高效地完成填单工作； 有团队合作意识。	魏小刚

☞ 任务资讯

一、物流运输合同概述

(一)合同的概念

合同是平等主体的自然人、法人、其他组织之间设立、变更、终止民事权利义务关系的协议。合同也称为契约，是商品交换的法律形式。合同具有以下法律特征：

(1)合同是双方或多方当事人的法律行为。

(2)合同关系中当事人的法律地位是平等的。

(3)合同是当事人的合法行为。

(二)运输合同的概念及分类

1. 运输合同的概念

运输合同是旅客委托承运人将旅客自己或者货物从起运地运输送到约定地点。由旅客、托运人或者收货人支付票款或者运费的合同。

2. 运输合同的分类

运输合同以运输工具区分有“公路运输合同、铁路运输合同、航空运输合同、水上运输合同”四大类；

根据运输对象划分为“旅客运输合同、货物运输合同”两大类；

从运输方式上可分为“单一运输合同、联合运输合同”两种；

从是否有涉外因素分为“国内运输合同和涉外运输合同”两种。

3. 运输合同的特征

(1)运输合同是双务有偿合同。承运人应当按照约定的或者通常的运输路线并在约定期间或者合理期间内将旅客、货物安全运输到约定地点。旅客、托运人或者收货人应当支付票款或者运输费用。承运人未按照约定路线或者通常路线运输增加票款或者运输费用的，旅客、托运人或者收货人可以拒绝支付增加部分的票款或者运输费用。

(2)运输合同原则上为诺成合同。客运合同自承运人向旅客交付客票时成立，但当事人另有约定或者另有交易习惯的除外。货运合同无特别规定合同成立时间，但依据《合同法》的一般原理可知货运合同亦为诺成合同。

(3)运输合同一般为附合合同。

(4)运输合同一般具有缔约强制性。从事公共运输的承运人不得拒绝旅客、托运人通常、合理的运输要求。

(5)运输合同的标的为运送行为。

二、货物运输合同

(一)货物运输合同的概念

货物运输合同也称货运合同，是指托运人将货物交给承运人，承运人按照约定事项将货物运送到目的地，托运人或收货人支付运费的运输协议。

托运人是指请求运送货物的一方。

承运人是指接运货物的运输组织或个人。

收货人是指接收货物的一方。

(二)货运合同的特征

1. 货运合同通常涉及第三人。

2. 货运合同以交付收货人为履行终点。

(三)货运合同的订立程序

在实际运输往来中，订立运输合同一般经过要约和承诺两个主要步骤。货物运输合同一般由托运人提出运输货物的要约，承运人同意运输的承诺而成立。《合同法》中规定：从事公共运输的承运人不得拒绝托运人通常、合理的运输要求。

1. 要约

要约是当事人一方向对方发出的希望与对方订立运输合同的意思表示。发出要约的一方称要约人，接收要约的一方称受要约人。

要约应具备的条件是：

(1)要约明确表示以要约内容订立运输合同的意思或愿望；

(2)要约的内容应具体、肯定，要涵盖合同的主要条款；

(3)要约应送达受要约人；

(4)要约应由特定的当事人做出。

要约生效后，对受要约人来说，只是取得承诺的资格，并没有承诺的义务，受要约人不为承诺，只是使合同不能成立，此外不负任何责任。而对要约人来说，要约人在要约的有效期内不得随意撤销或变更要约，并负有与对方订立运输合同的义务。若以特定物为合同标的时，不得以该特定物为标的同时向第三方发出相同的要约，或与第三方订立运输合同，否则承担法律责任。要约的这一效力，即是要约的约束力。

要约发出后，有下列情形之一的，要约失效，要约人不受原要约的拘束。

(1)要约的撤回。撤回要约的通知应当在要约到达受要约人之前或者与要约同时到达受要约人。

(2)拒绝要约的通知到达要约人。受要约人以口头或书面的方式明确通知要约人不接受要约。

(3)受要约人对要约的内容进行实质性变更。有关合同标的、数量、质量、价款或报酬、履行期限、履行地点和方式、违约责任和解决争议方法等的变更，是对要约的内容的实质性变更。

(4)要约中规定有承诺期限的，承诺期限届满，受要约人未作出承诺。对口头要约，在极短的时间内不立即作出接受的意思表示，则表明要约的失效。

(5)要约的撤销。要约可以撤销，撤销要约的通知应当在受要约人发出承诺通知之前到达受要约人。但是，有下列情形之一的，要约不得撤销：A. 要约人确定了承诺期限或者以其他形式明示要约不可撤销；B. 受要约人有理由认为要约是不可撤销的，并已经为履行合同作了准备工作。

2. 承诺

承诺是受要约人同意要约的意思表示。即受要约人同意接受要约的全部条件而与要约人成立合同。承诺应当以通知的方式作出，但根据交易习惯或者要约表明可以通过行为作出承诺的除外。承诺的法律效力在于，承诺一经作出，并送达要约人，合同即告成立，要约人不得加以拒绝。

任何有效的承诺，都必须具备以下条件：

(1)承诺必须由受要约人作出；

(2)承诺必须是在有效时间内作出；

(3)承诺必须与要约的内容完全一致。

承诺的效力是指承诺所引起的法律后果。其效力在于合同成立，订阅合同的阶段结束。如果法律规定或当事人约定，合同必须经过鉴证、公证或主管部门批准登记的，则履行有关手续后，合同方能成立。

不发生法律效力的承诺：

（1）承诺被撤回，承诺在生效前可撤回。但撤回的通知必须先于承诺或与承诺同时到达要约人的。

（2）承诺迟到，承诺在要约的有效期限届满后到达要约人时，成为承诺迟到，不发生效力。

三、货物运输合同的效力

（一）托运人的权利与义务

1. 托运人的主要权利

（1）请求承运人按照合同约定的地点和时间将货物运达目的地。

（2）在承运人交付货物给收货人之前，托运人可以要求承运人中止运输、返还货物、变更到达地或者将货物交给其他收货人。

2. 托运人的主要义务

（1）托运人应按合同的约定提供托运的货物。

（2）托运人应提交相关的文件。

（3）托运人应按照约定的方式包装货物。

（4）托运人应按照合同的约定及时交付运输费和有关费用。

（5）赔偿因变更、中止运输造成的承运人损失的义务。

（二）承运人的权利与义务

1. 承运人的主要权利

（1）承运人有权收取运输费用及其他有关费用。

（2）承运人有权要求托运人提供货物运输的必要情况。

（3）承运人有权留置运到目的地的货物。

（4）承运人有权处置无人认领的货物。

2. 承运人的主要义务

（1）按照合同约定的要求配发运输工具，接受托运人依约定托运的货物。

（2）按照合同约定的时间、地点将运输的货物安全地送达目的地。

（3）货物运达目的地后，应及时通知收货人。

（4）承运人对运输过程中货物的毁损、灭失承担损害赔偿责任。如果不是由自身原因造成的，还负有举证责任加以证明。

（三）收货人的权利和义务

收货人的主要权利就是提取货物。其主要义务如下：

（1）及时提货的义务。

（2）及时验收的义务。

（3）支付运费和保管费的义务。

（四）货物运输合同的变更和解除

《合同法》规定："在承运人将货物交付收货人之前，托运人可以要求承运人中止运输、返还货物、变更到达或者将货物交给其他收货人。"但是，如果因为单方变更或解除合同给承运人造成损失的，托运人或者提货凭证持有人"应当赔偿承运人因此受到的损失"，并且还要承担因变更或解除合同而产生的各种费用。

四、运输合同的内容

1. 按年度、半年度、季度或月份签订的货物运输合同，应写明下列主要条款：

(1)托运人和收货人的名称或者姓名及住所。

(2)发货站与到货站的详细名称。

(3)货物的名称(运输标的名称)。

(4)货物的性质(是否属易碎、易燃、易爆物品……)。

(5)货物的重量。

(6)货物的数量(如车种、车数、件数……)。

(7)运输形式(零担、速递、联运……)。

(8)收货地点。

(9)违约责任。

(10)费用的承担。

(11)包装要求。

(12)合同纠纷解决方式。

(13)双方约定的其他事项等。

2. 以货的运单形式签订的合同应载明下列内容：

(1)托运人、收货人的名称或姓名及其详细住所或地址。

(2)发货站、到货站及主管铁路局。

(3)货物的名称。

(4)货物的包装、标志、件数和数量。

(5)承运日期。

(6)运到期限。

(7)运输费用。

(8)货车的类型或车号。

(9)双方商定的其他事项。

☞ 任务操作

步骤一：货物运输合同

货物运输合同(范例)

托运方：(应填写全称)____________________

承运方：(应填写全称)____________________

根据《中华人民共和国合同法》及相关法律法规的规定，本着诚实信用，互惠互利的原则，经过双方充分协商一致，订立本合同。

第一条　货物情况(如有其他约定内容可另设合同附件，标注见合同附件)

1.1 货物名称：(应填写全称)____________________

1.2 货物规格：(应明确填写货物的具体规格)____________________

1.3 货物数量:(应使用大、小写两种形式，并具体写明数量单位)

第二条　包装要求

2.1 托运方必须按照国家规定的标准对货物进行包装。

2.2 没有规定国家或行业包装标准的，应根据保证货物运输安全的原则进行包装，否则承运方有权拒绝承运。

第三条　货物运输时间、地点

3.1 货物起运地点:(不可简写，应写全称例如:×省×市×区×街×号)

____

3.2 货物到达地点:(应填写全称，不可简写)

3.3 货物起运日期:(应写明年、月、日)

3.4 货物运到日期:(应写明年、月、日)

第四条　运输费用

4.1 运输费总额为:(应以大、小写两种形式书写)

4.2 运输费的支付方式:(分期付款还是一次付清)

4.3 运输费的支付时间:(应写明年、月、日)

第五条　货物的装卸

5.1 货物装卸由 ____________ 方负责。

5.2 货物装卸的费用由 ____________ 方承担。

第六条　托运方的权利义务

6.1 托运方的权利

6.1.1 要求承运方按照合同约定的时间、地点，把货物运输到合同中约定的目的地。

6.1.2 货物托运后，托运方需要变更到货地点、收货人或者取消托运的，有权向运方提出变更合同的内容或解除合同的要求，但必须在货物未运到目的地之前或起运之前通知承运方。

6.2 托运方的义务

6.2.1 按约定向承运方交付运费。

6.2.2 托运方对托运的货物，应按照约定的标准进行包装并按照合同中约定的时间和数量交付托运货物。

第七条　承运方的权利义务

7.1 承运方的权利

7.1.1 向托运方收取运费。

7.1.2 对于超过合同期限仍无法交付的货物，承运方有权予以提存。

7.2 承运方的义务

7.2.1 在合同约定的期限内将货物运到指定的地点。

7.2.2 按合同中约定的方式和时间运输并负责托运货物的安全。

第八条　违约责任

8.1 托运方的违约责任

8.1.1 未按合同约定的时间提供托运的货物，托运方应付给承运方违约金 ________ 元。

8.1.2 未按合同约定进行包装，致使其他货物或运输工具、机械设备被污染、腐蚀、受损，托运方应承担污染、腐蚀、受损部分的赔偿责任。

8.1.3 未按合同约定支付运费，每逾期一日向承运方支付运费 ______ ‰的违约金。

8.1.4 其他违约责任：(如无内容，在空格处画线) ______

8.2 承运方的违约责任

8.2.1 未按合同约定的时间运输货物，向托运方支付违约金 ______ 元。

8.2.2 未将货物运到合同中约定的地点，向托运方支付违约金 ______ 元。

8.2.3 运输过程中货物灭失、短少、变质、污染、损坏，向托运方赔偿货物的实际损失。

8.2.4 在符合法律和合同约定的条件下运输，由于下列原因造成货物灭失、短少、变质、污染、损坏的，承运方不承担违约责任：

①不可抗力。

②货物本身的自然属性。

③货物的合理损耗。

④托运方或收货方本身的过错。

8.2.5 其他违约责任：(如无内容，在空格处画线) ______

第九条　不可抗力

9.1 不可抗力的范围：(根据实际情况进行确定) ______

9.2 因不可抗力的原因导致双方不能按约履行合同，合同双方均不承担违约责任。

第十条　争议的解决方式

本合同在履行过程中发生的争议，由双方协商解决。如果双方不能协商一致时，选择以下第(只需填写“一”或者“二”)种方式解决：

(一)向(具体写明仲裁委员会的确切名称，如：不能将“桂林仲裁委员会”写为“桂林市仲裁委员会”)仲裁委员会申请仲裁。

(二)向(根据有利于我方的原则，在托运方或承运方住所地、合同签订地、合同履行地的基层法院中选择其一)人民法院起诉。

第十一条　本合同签订的地点：(写明详细的地点) ______

第十二条　本合同自双方签字盖章之日起生效。

第十三条　本合同正本一式 ______ 份，双方各执 ______ 份。

第十四条　本合同未尽事宜双方另行协商。

以下无合同正文。

托运方(章)：	承运方(章)：
法定代表人：	法定代表人：
委托代理人：	委托代理人：
地址：	地址：
电话：	电话：
开户行：	开户行：
账号：	账号：
年　月　日	年　月　日

步骤二：零担货物运输合同

零担货物运输合同（范例）

甲方（托运方）：____________________

联 系 人：____________________

联系人手机：____________________

联系人电话（传真）：____________________

乙方（承运方）：____________________

联 系 人：____________________

联系人手机：____________________

联系人电话（传真）：____________________

甲乙双方根据《合同法》及国家有关运输规定，本着平等、互利的原则。就甲方货物委托乙方承运有关事宜。经过友好、充分协商，特订立本合同，以便双方共同遵守执行。

一、甲方委托乙方承运货物基本情况：

货物名称	规格、型号	包装状况	数量	重量	体积	货物价值	备注

二、货物起运地点：

三、货物到达地点：

四、货物送达提货方式：送货上门、收货人自提。

五、运输费用：

六、运输杂费：

保管费：____________________

接货费：____________________ 叉车费：____________________

送货费：____________________ 包装费：____________________

七、结算方式：

发货后付款（现付）、货到后付款（提付）。

凭签收回单付款（凭签收回单付款每天结算一次）。

八、甲方委托乙方代收的货款，乙方保证在收到货款后，一星期内交付给甲方发生的银行汇款手续费，由甲方承担。

九、甲方委托乙方运输的货物不得夹带、匿藏危险物品和禁运物品。因夹带、匿藏危险和禁运物品被查处，由甲方承担全部法律责任和经济责任。

十、甲方委托乙方运输的货物，包装必须符合安全运输要求，对包装不符合安全运输要求的货物，乙方有权拒绝承运。甲方有权要求乙方对不符合包装要求的货物重新包装，费用由甲方承担。

十一、乙方自接收甲方货物后，应在约定的时限内，将货物送达到甲方指定的送达地。

乙方在运输过程中，因发生不可抗力的自然灾害和特殊情况(交通事故、道路封锁)，乙方应及时通知甲方，双方协商处理。

十二、乙方承运甲方的货物在收货人签收前承担安全责任。货物灭失、短少、损坏、污染由乙方按货物出厂价向甲方赔偿。

十三、乙方承运的货物，外包完好无损，乙方不承担包装内货物的任何损失。收货人签收将货物提走后，乙方对甲方货物安全责任终止。

十四、乙方承运甲方的货物，在运输过程中因不可抗力的自然灾害，造成货物灭失、毁损，乙方不承担违约的责任，按成本价赔偿甲方损失。

十五、甲方每次发货应如实提供下列资料，如因不相符，不真实所造成的一切损失，由甲方承担(货物名称、数量、立方数或重量数、收货人姓名、电话、详细地址)。

十六、其他约定。

十七、本合同有效期××××年××月××日起至××××年××月××日止。

十八、本合同在履行过程中发生争议，双方友好协商解决。不能协商解决任何一方均可向合同签约地人民法院提请诉讼。

十九、本合同一式两份，双方签字，盖章后生效。

甲方盖章：　　　　　　　　　　　　乙方盖章：

甲方委托代理人：　　　　　　　　　乙方委托代理人：

年　月　日　　　　　　　　　　　　年　月　日

签约地点：

步骤三：运单

运单，是由承运人签发的，证明货物运输合同和货物由承运人接管或装船、车及空运，以及承运人保证将货物交给指定的收货人的一种不可流通的单证。运单具有合同证明和货物收据的作用。但是，运单不具有物权凭证的作用，是一种不可转让的债权凭证。

道路货物运单(行业内又叫承运单，或托运单)是公路货物运输的核心单证，是专线承运人承运时的主要单据。虽然公路货物运输没有那么规范，但专线承运人的道路货物运单同样起到诸如海运提单、航空运单以及铁路货物运单在各自运输方式中的核心单证作用。

1. 道路货物运单的特点

(1)是公路货运合同中的一部分，如未签订合同，则起到合同的作用。

(2)是划分责任的依据。

(3)是承运人与托运人或收货人(到付结算方式时)进行费用结算的核心凭证之一。

2. 道路货物运单的格式

各物流公司所使用的道路货物运单没有统一的格式，但大同小异。道路货物运单一般一式四联，第一联是存根，承运人存留；第二联交托运人；第三联随货同行(或叫司机联)；第四联承运人财务结账联存留。

3. 道路货物运单格式说明

(1)道路货物运单由专线承运人和操作人员填写，承运人负责人签字，托运人签字确认。

(2)注意道路货物运单的“承运条款”一栏，此栏是界定双方责任的事项。但如果承运人与托运人签订了长期合同合作关系的，以合同的相关条款为准。

(3)专线各地网点，是说明该专线在所示网点内有自己的机构或办事人员，有承运优势。

(4)付款方式一般分为:现付(或预付)、到付、回单结、月结、批结等，这要视托运人的货量、发货频率、信誉度及与承运人的合作关系而定。到付是货到收货人处由收货人支付运费。回单结、月结或批结等一般都是运输合同约定的结算方式。

(5)公路运输合同中所谓的签收回单，就是托运人要求承运人将道路货物运单“随货同行”联由收货人签字后再返回收货人，签收回单率(一个月内签收的回单数量占全部所开道路货物运单总数的百分比)是托运人考核承运人服务质量的指标之一。

魏小刚填写货运单如下：

表 2－1　　　　　　　　小麻雀物流公司货运单

运单号 NO:2694310

起运站:桂林　　　　　　　　终点站: 广州　　　　　　　2015 年 3 月 2 日

<table>
<tr><td>托运人</td><td>江小鱼</td><td>单位</td><td colspan="5">桂林大瑞商贸公司
桂林市中隐路 47 号</td><td>电话</td><td colspan="2">0773－5685568</td></tr>
<tr><td>收货人</td><td>洪明</td><td>单位</td><td colspan="5">广州云彩机械贸易公司
广州市番禺区中山路 157 号</td><td>电话</td><td colspan="2">020－6517748</td></tr>
<tr><td>货物名称</td><td>件数</td><td>包装</td><td>重量 KG</td><td>体积 m^3</td><td>货物价值（元）</td><td>保险费（元）</td><td>运费（元）</td><td>送货费（元）</td><td>合计（元）</td><td>不参加保险签字</td></tr>
<tr><td>机械配件</td><td>5</td><td>纸箱</td><td>100</td><td></td><td>30000</td><td>90</td><td>620</td><td></td><td>710</td><td></td></tr>
<tr><td></td><td></td><td></td><td></td><td></td><td></td><td></td><td></td><td></td><td></td><td></td></tr>
<tr><td></td><td></td><td></td><td></td><td></td><td></td><td></td><td></td><td></td><td></td><td></td></tr>
<tr><td>总金额（人民币）</td><td colspan="7">×万 ×仟 柒 佰 壹 拾 零 元 零 角 零 分</td><td>小写</td><td colspan="2">¥710.00</td></tr>
<tr><td colspan="3">付款方式:现付</td><td colspan="3">提货方式:自提</td><td colspan="3">发货人签字:江小鱼</td><td colspan="2">公司签单:</td></tr>
<tr><td colspan="11">承运条款:
1. 承运方承运货物时按件接收，保障货物外包装完好无损，不负责内装货物是否完好，提货方提货时当面验收货物，事后货物缺损，承运方概不负责。
2. 托运方必须按货物实价保险，如遇货损、丢失，属本公司责任范围内的，按投保有关规定赔偿。未保价的，承运方最多不超过托运费的 3 倍赔偿。
3. 货物外包装应符合运输标准，严禁夹带危险品、禁运物品，否则一切损失由托运人负责。</td></tr>
</table>

☞ 任务评分

班级			姓名		小组		
任务名称		运输合同的订立					
考核内容		评价标准	参考分值(100)	学生自评	小组互评	教师评价	考核得分
职业素养情况	1	具有良好的沟通能力	5				
	2	具有信息搜集能力	5				
	3	在任务实施过程中具有较强的总结能力	10				
知识掌握情况	4	了解合同的概念	10				
	5	了解运输合同的概念	5				
	6	熟知运输合同分类、特征	10				
	7	了解运输合同的效力和内容	5				
能力提升情况	8	了解合同的几种格式	10				
	9	能够独立填写运单。	10				
	10	能够主动搜集所需信息，进行自主学习	10				
参与活动情况	11	积极参与任务实施	5				
	12	积极参与小组讨论	5				
	13	积极回答老师提问	10				
小计							
合计 = 自评 * 20% + 互评 * 40% + 教师评 * 40%							

操作习题作业

☞ 模拟案例

2015 年 3 月 4 日上午 9:00，桂林科威电子公司由业务经理谭勇通过公司电话 0773 - 5685568 打给魏小刚，要求到公司所在地桂林市平山北路 175 号提货，货物到达后由收货方一次性支付。货物发往深圳市宝安区翻身路 139 号深圳康华电子配件生产厂，那边的联系人是钱益，联系电话 0755 - 6517517。货品具体内容如下：

电子配件 5 件，每件货品 15KG，纸箱包装，货物价值 20000 元，运费 680 元，保费为货物价值的 3‰。

如果你是魏小刚，应该怎样填写这张运单？

表2-2　　　　　　　　　　××物流公司货运单

运单号 NO：×××

起运站：　　　　　　　　终点站：　　　　　　　　年　月　日

托运人		单位					电话			
收货人							电话	020-6517×××		
货物名称	件数	包装	重量 KG	体积 m^3	货物价值（元）	保险费（元）	运费（元）	送货费（元）	合计（元）	不参加保险签字
总金额（人民币）	万　仟　佰　拾　元　角　分							小写	¥	
付款方式：			提货方式：			发货人签字：		公司签单：		

承运条款：

1. 承运方承运货物时按件接收，保障货物外包装完好无损，不负责内装货物是否完好，提货方提货时当面验收货物，事后货物缺损，承运方概不负责。
2. 托运方必须按货物实价保险，如遇货损、丢失，属本公司责任范围内的，按投保有关规定赔偿。未保价的，承运方最多不超过托运费的3倍赔偿。
3. 货物外包装应符合运输标准，严禁夹带危险品、禁运物品，否则一切损失由托运人负责。

☞ 知识考核

一、单选题

1. 货物运输合同也称货运合同，是指托运人将货物交给承运人，（　　）按照约定事项将货物运送到目的地，托运人或收货人支付运费的运输协议。

A. 收货人　　B. 货主　　C. 承运人　　D. 托运人

2. 承诺的法律效力在于，承诺一经作出，并送达要约人，合同即告成立，（　　）不得加以拒绝。

A. 邀请人　　B. 要约人　　C. 承诺人　　D. 申请人

3.（　　）是受要约人同意要约的意思表示。即受要约人同意接受要约的全部条件而与要约人成立合同。

A. 订立　　B. 答应　　C. 承诺　　D. 确认

二、多选题

1. 运输合同是(　　)。

A. 劳务合同　　B. 诺成合同　　C. 附合合同　　D. 双务有偿合同

2. 不发生法律效力的承诺(　　)。

A. 承诺未到　　B. 承诺没有发出　　C. 承诺迟到　　D. 承诺被撤回

3. 收货人的主要义务是(　　)。

A. 及时提货的义务　　B. 及时验收的义务

C. 支付运费和保管费的义务　　D. 支付保险费的义务

三、判断题

1. 货物运输合同一般由托运人提出运输货物的要约，承运人同意运输的承诺而成立。(　　)

2. 承诺被撤回，承诺在生效前可撤回。但撤回的通知可以晚于承诺或与承诺同时到达要约人的。(　　)

3. 运输合同的标的为运输服务。(　　)

任务二　运输合同纠纷的处理

☞ 任务目的

1. 了解合同纠纷处理的四种处理方式；
2. 熟知协商处理方式及原则；
3. 掌握调解处理方式、类型及原则；
4. 熟知仲裁处理方式、特点；
5. 掌握诉讼处理方式、特点。

☞ 任务内容

魏小刚将自己填好的运单拿给贺成经理看，贺成经理看了之后说："小刚，这个工作完成得很好，学得挺快的。下面还要交给你一个任务，如果出现运输合同纠纷的话，应该怎么处理呢?""我还没有了解到这方面内容，现在马上去了解。"魏小刚答道。

☞ 任务准备

计算机、互联网

☞ 任务分工

岗位	岗位职责	主要内容	技能要求与基本素质	对应人员
岗前了解	无	了解运输合同纠纷处理的四种方式	熟知协商处理方式及原则； 掌握调解处理方式、类型及原则； 熟知仲裁处理方式、特点； 掌握诉讼处理方式、特点。	魏小刚
岗前了解	无	对于运输合同纠纷处理能够给出合理的建议	能够针对现实情况选择合适的合同纠纷处理方式。	魏小刚

☞ 任务资讯

2010 年 6 月 16 日，张某在河北清源县收购西瓜后，委托清源县平安配货中心联系了孙某所有的冀 F37181 号货车，并于当日晚 12 时与该车司机李某签订《货物运输协议书》。约定由潘新将西瓜发往北京新发地，每吨货物运费 100 元。协议签订后，李某于 17 日早五点钟把车开到配货站，一起到批发市场拉货。下午四五点钟装车完毕，一共拉了 13 吨西瓜。张某预付李某 600 元运费，双方约定剩余 700 元运费待运到新发地后付清。李某承诺当晚八九点钟就能到达目的地，但李某却把西瓜拉到了潘新白沟家中且关闭了手机。直到 6 月 18 日上午 10 时张某才与孙某取得联系。来到白沟后，孙某向张某索要 5 万元，又强迫张某与其签订《补充协议》，张某无法答应。后经反复交涉，张某凑了 5000 元作为押金交给孙某，被迫签订了《补充协议》。之后，孙某才同意将西瓜送往新发地。但到新发地后，由于耽误了时间及路上颠簸，西瓜已经破裂，无法出售，致使张某遭受重大经济损失。故张某诉至法院，要求：

（1）判令撤销张某、孙某于 2010 年 6 月 18 日签订的《补充协议》；

（2）判令孙某返还 5000 元押金；

（3）判令孙某赔偿张某经济损失 39000 元；

（4）诉讼费由孙某承担。

以上案例很明显是一则运输合同纠纷案件，解决运输合同纠纷，首先要了解运输中承运人、托运人的责任及免责，了解纠纷细则，了解运输合同纠纷解决方式。在合同实际履行过程中，发生矛盾、纠纷是不可避免的事，这不仅关系到合同当事人双方切身的经济利益，也关系到合同能否继续执行的问题。因此，矛盾纠纷一旦出现应及时、合理的解决。

根据我国《合同法》第 437 条的规定，解决合同纠纷共有四种方式。一是用协商的方式，自行解决，这是最好的方式；二是用调解的方式，由有关部门帮助解决；三是用仲裁的方式由仲裁机关解决；四是用诉讼的方式，即向人民法院提起诉讼以寻求纠纷的解决。

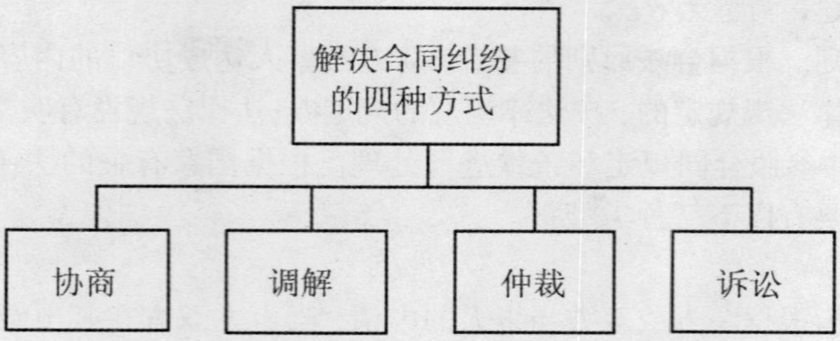

图 2－1　解决合同纠纷的四种方式

☞ 任务操作

步骤一:协商

当事人自行协商解决合同纠纷，是指合同纠纷的当事人，在自愿互谅的基础上，按照国家有关法律、政策和合同的约定，通过摆事实、讲道理，以达成和解协议，自行解决合同纠纷的一种方式。合同签订之后，在履行过程中，由于各种因素的影响容易产生纠纷，有了纠纷怎么办，应当从有利于维护团结、有利于合同履行的角度出发，怀着互让、互谅的态度，争取在较短的时间内，通过协商求得纠纷的解决。

合同双方当事人之间自行协商解决纠纷应当遵守以下原则:一是平等自愿原则。不允许任何一方以行政命令手段，强迫对方进行协商，更不能以断绝供应、终止协作等手段相威胁，迫使对方达成只有对方尽义务，没有自己负责任的“霸王协议”。二是合法原则。即双方达成的和解协议，其内容要符合法律和政策规定，不能损害国家利益、社会公共利益和他人的利益。否则，当事人之间为解决纠纷达成的协议无效。

步骤二:调解

合同纠纷的调解，是指双方当事人自愿在第三者(即调解的人)的主持下，在查明事实、分清是非的基础上，由第三者对纠纷双方当事人进行说明劝导，促使他们互谅互让，达成和解协议，从而解决纠纷的活动。调解有以下三个特征:

第一，调解是在第三方的主持下进行的，这与双方自行和解有着明显的不同;

第二，主持调解的第三方在调解中只是说服劝导双方当事人互相谅解，达成调解协议而不是作出裁决，这表明调解和仲裁不同;

第三，调解是依据事实和法律、政策，进行合法调解，而不是不分是非，不顾法律与政策在“和稀泥”。

发生合同纠纷的双方当事人在通过第三方主持调解解决纠纷时，应当遵守以下原则:

第一，自愿原则。自愿有两方面的含义:一是纠纷发生后，是否采用调解的方式解决，完全依靠当事人的自愿。调解不同于审判，如果纠纷当事人双方根本不愿用调解方式解决纠纷，那么就不能进行调解。二是指调解协议必须是双方当事人自愿达成。调解人在调解过程中要耐心听取双方当事人相关联系人的意见，在查明事实的基础上，对双方当事人进行说服教育，耐心劝导，晓之以理，动之以情，促使双方当事人互相谅解，达成协议。调解人既不能代替当事人达成协议，也不能把自己的意志强加给当事人。如果当事人对协议的内容有意见，则协议不能成立，调解无效。

第二，合法原则。根据合法原则的要求，双方当事人达成协议的内容不得同法律和政策相违背，凡是有法律法规规定的，按法律法规的规定办；法律法规没有明文规定，应根据党和国家的方针、政策并参照合同规定和条款进行处理。根据国家有关的法律和法规的规定，合同纠纷的调解，主要有以下三种类型：

1. 行政调解

行政调解，是指根据一方或双方当事人的申请，当事人双方在其上级业务主管部门主持下，通过说服教育，自愿达成协议，从而解决纠纷的一种方式。对于企业单位来说，有关行政领导部门和业务主管部门，是下达国家计划并监督其执行的上级领导机关，它们一般比较熟悉本系统各企业的生产经营和技术业务等情况，更容易在符合国家法律、政策或计划的要求下，具体运用说服教育的方法，说服当事人互相谅解，达成协议；如果当事人属于同一业务主管部门，则解决纠纷是该业务主管部门的一项职责，在这种情况下，当事人双方也容易达成协议；如果当事人双方分属不同的企业主管部门，则可由双方的业务主管部门共同出面进行调解。例如，按照《全民所有制工业企业转换经营机制条例》规定，国家根据需要，有权向企业下达指令性计划。企业执行计划，有权要求在政府有关部门的组织下，与需方企业签订合同，或者根据国家规定，要求与政府指定的单位签订国家订货合同。对于这种因执行计划而发生的合同纠纷，由业务主管部门出面调解，说明计划的变更情况等，对方当事人能够比较容易接受，也比较容易达成调解协议。同时应当注意合同纠纷经业务主管部门调解的，当事人双方达成调解协议的，要采用书面形式写成调解书作为解决纠纷的依据。

2. 仲裁调解

仲裁调解是指合同当事人在发生纠纷时，依照合同中的仲裁条款或者事先达成的仲裁协议，向仲裁机构提出申请，在仲裁机构主持下，根据自愿协商、互谅互让的原则，达成解决合同纠纷的协议。根据我国《仲裁法》的有关规定，由仲裁机构主持调解形成的调解协议书与仲裁机构所作的仲裁裁决书具有同等的法律效力。生效后具有法律效力，一方当事人如果不执行，另一方可以向人民法院提出申请，要求对方执行。对方拒不执行的，人民法院可以依法依照生效的调解协议书强制其执行。

3. 法院调解

法院调解，又称为诉讼中的调解，是指在人民法院的主持下，双方当事人平等协商，达成协议，经人民法院认可后，终结诉讼程序的活动。合同纠纷起诉到人民法院之后，在审理中，法院首先要进行调解。用调解的方式解决合同纠纷，是人民法院处理合同纠纷的重要方法。在人民法院主持下达成调解协议，人民法院据此制作的调解书，与判决具有同等效力。调解书只要送达双方当事人，便产生法律效力，双方都必须执行，如不执行，另一方当事人可以向人民法院提出申请，要求人民法院强制执行。根据《民事诉讼法》的规定，人民法院进行调解也必须坚持自愿、合法的原则，调解达不成协议或调解无效的，应当及时判决，不应久调不决。

步骤三：仲裁

仲裁也称公断。调解失效，就可以进行仲裁。合同仲裁，即由第三者依据双方当事人在合同中订立的仲裁条款或自愿达成的仲裁协议，按照法律规定对合同争议事项进行居中裁断，以解决合同纠纷的一种方式。仲裁是现代世界各国普遍设立的解决争议的一种法律制度，合同争议的仲裁是各国商贸活动中通行的惯例。

合同仲裁有以下几个特点：

第一，合同仲裁是合同双方当事人自愿选择的一种方法，体现了仲裁的“意思自治”的性质，即合同纠纷发生后，是否通过仲裁解决，完全要根据双方当事人的意愿决定，不得实行强制。如果一方当事人要求仲裁，而另一方当事人不同意，双方又没有达成仲裁协议，则不能进行仲裁；另外，仲裁地点，仲裁机构以及需要仲裁的事项，也都根据双方当事人的意志在仲裁协议中自主选择决定。

第二，合同纠纷仲裁中，第三者的裁断具有约束力，能够最终解决争议。虽然合同纠纷的仲裁是由双方当事人自主约定提交的，但是仲裁裁决一经作出，法律即以国家强制力来保证其实施。合同纠纷经济仲裁作出裁决后，即发生法律效力，双方当事人都必须执行，如果一方当事人不执行裁决，对方当事人则有权请求法院予以强制执行。

第三，合同纠纷的仲裁，方便、简单、及时、低廉。首先，我国合同仲裁实行一次裁决制度，即仲裁机构作出的一次性裁决，为发生法律效力的裁决，双方当事人对发生法律效力的仲裁决都必须履行，不得再就同一案件起诉。因为，既然当事人自主、自愿协议选择仲裁来解决合同纠纷，就意味着当事人对于仲裁机构和裁决的信任，就应当服从并积极履行仲裁裁决。其次，仲裁可以简化诉讼活动的一系列复杂程序和阶段，例如起诉、受理、调查取证、调解、开庭审理、当事人的双方进行辩论及提起上诉等程序上的规定，这些往往是要花费数月或更长的时间，加重当事人的负担。最后，合同纠纷仲裁的收费也比较低。所以它和诉讼相比，具有方便、简单、及时、低廉的特点。合同纠纷当事人双方通过仲裁解决纠纷时，应当遵守一定的原则。

步骤四：诉讼

合同在履行过程中发生纠纷后，解决争议的方式有 4 种：即当事人自行协商解决，调解、仲裁和诉讼。其中，仲裁方法由于比较灵活、简便，解决纠纷比较快，费用又比较低，所以很受当事人欢迎。但是，如果当事人一方不愿仲裁，则不能采用仲裁的方式，而只能采用诉讼的方式来解决双方当事人之间的争议。所以，诉讼是解决合同纠纷的最终形式。

所谓合同纠纷诉讼是指人民法院根据合同当事人的请求，在所有诉讼参与人的参加下，审理和解决合同争议的活动，以及由此而产生的一系列法律关系的总和。

它是民事诉讼的重要组成部分，是解决合同纠纷的一种重要方式。与其他解决合同纠纷的方式相比，诉讼是最有效的一种方式，之所以如此，首先，因为诉讼由国家审判机关依法进行审理裁判，最具有权威性；其次，裁判发生法律效力后，以国家强制力保证裁判的执行。

合同纠纷诉讼和其他解决合同纠纷的方式特别是和仲裁方式相比，具有以下几个特点：

(1)诉讼是人民法院基于一方当事人的请求而开始的，当事人不提出要求、人民法院不能依职权主动进行诉讼。当事人不向人民法院提出诉讼请求，而向其他国家机关提出要求保护其合法权益的，不是诉讼，不能适用民事诉讼程序予以保护。

(2)法院是国家的审判机关，它是通过国家赋予的审判权来解决当事人双方之间的争议的。审判人员是国家权力机关任命的，当事人没有选择审判人员的权利，但是享有申请审判人员回避的权利。

(3)人民法院对合同纠纷案件具有法定的管辖权，只要一方当事人向有管辖权的法院起诉，法院就有权依法受理。

(4)诉讼的程序比较严格、完整。例如，《民事诉讼法》规定，审判程序包括第一审程序、第二审程序、审判监督程序等。第一审程序又包括普通程序和简易程序。另外，还规定了撤诉、上诉、反诉等制度，这些都是其他方式所不具备的。

(5)人民法院依法对案件进行审理作出的裁判生效后，不仅对当事人具有约束力，而且对社会具有普遍的约束力。当事人不得就该判决中确认的权利义务关系再行起诉，人民法院也不再对同一案件进行审理。负有义务的一方当事人拒绝履行义务时，权利人有权申请人民法院强制执行，任何公民、法人包括其他组织都要维护人民法院的判决，有义务协助执行的单位或个人应积极负责地协助人民法院执行判决，如果拒不协助执行或者阻碍人民法院判决的执行，行为人将承担相应的法律后果。以国家强制力作后盾来保证裁判的实现，也是诉讼形式有别于其他解决纠纷形式的一个显著的特点。

☞ 任务评分

班级			姓名		小组		
任务名称		运输合同纠纷处理					
考核内容		评价标准	参考分值(100)	学生自评	小组互评	教师评价	考核得分
职业素养情况	1	具有良好的沟通能力	5				
	2	具有信息搜集能力	5				
	3	在任务实施过程中具有较强的总结能力	10				
知识掌握情况	4	了解合同纠纷处理的四种处理方式，熟知协商处理方式及原则	10				
	5	掌握调解处理方式、类型及原则	5				
	6	掌握诉讼处理方式、特点	10				
	7	熟知仲裁处理方式、特点	5				
能力提升情况	8	能够了解四种合同纠纷处理的四种方式及特点	10				
	9	能够针对现实情况选择合适的合同纠纷处理方式	10				
	10	能够主动搜集所需信息，进行自主学习	10				
参与活动情况	11	积极参与任务实施	5				
	12	积极参与小组讨论	5				
	13	积极回答老师提问	10				
小计							
合计 = 自评 * 20% + 互评 * 40% + 教师评 * 40%							

☞ 知识考核

一、单选题

1. 协商中的合法原则是指双方达成的和解协议，其内容要符合法律和政策规定，不能损害国家利益、(　　)利益和他人的利益。

A. 集体　　B. 社会公共　　C. 政府　　D. 企业

2. (　　)是指根据一方或双方当事人的申请，当事人双方在其上级业务主管部门主持下，通过说服教育，自愿达成协议，从而解决纠纷的一种方式。

A. 行政调解　　B. 仲裁调解　　C. 法院调解　　D. 行业协会调解

3. 如果当事人一方不愿仲裁，则不能采用仲裁的方式，而只能采用(　　)的方式来解决双方当事人之间的争议。

A. 协商　　B. 调解　　C. 诉讼　　D. 法院调解

二、多选题

1. 调解主要有(　　)类型。

A. 行业调解　　B. 行政调解　　C. 法院调解　　D. 仲裁调解

2. 仲裁和诉讼相比，具有(　　)的特点。

A. 方便　　B. 简单　　C. 及时　　D. 低廉

3. 合同双方当事人之间自行协商解决纠纷应当遵守以下原则：(　　)。

A. 合理　　B. 平等　　C. 自愿　　D. 合法

三、判断题

1. 人民法院进行调解也必须坚持自愿、合法的原则，调解达不成协议或调解无效的，应该继续调解。(　　)

2. 仲裁机构作出的一次性裁决，为发生法律效力的裁决，双方当事人对发生法律效力的仲裁决可以不履行。(　　)

3. 人民法院依法对案件进行审理作出的裁判生效后，不仅对当事人具有约束力，而且对社会具有普遍的约束力。(　　)

模块三 3

公路运输计划编制与调度安排

▶学习要点

1. 了解货物运输计划的种类；
2. 掌握车辆计划编制；
3. 掌握车辆运行作业计划编制；
4. 了解货物运输调度的职责；
5. 熟知调度工作所要考虑的因素；
6. 能够独立完成车辆运行作业计划的编制；
7. 能够独立完成车辆调度计划。

▶案例导入

2015 年 3 月 7 日上午 8:00，贺成把魏小刚叫到办公室，了解了魏小刚的开单工作情况，并对魏小刚的工作给予了肯定。接下来他给魏小刚布置新的工作任务："小刚，你现在把开单的工作放一放，来学做一做运输计划和调度工作。"

任务一　公路运输计划编制

☞ 任务目的

1. 了解货物运输计划的种类；
2. 熟知货物运输量计划编制；
3. 掌握车辆计划编制；
4. 掌握车辆运行作业计划编制；
5. 能够独立完成车辆运行作业计划编制。

☞ 任务内容

贺成将客户的运量情况，车辆情况告诉魏小刚，要求魏小刚完成运量年度计划、车辆计划编制，车辆运行作业计划。

☞ 任务准备

计算机、互联网、笔、纸、货物运输量计划表、车辆计划表、车辆运行作业计划表

☞ 任务分工

岗位	岗位职责	主要内容	技能要求与基本素质	对应人员
调度员	负责货物运输量计划编制；负责车辆计划编制；负责车辆运行作业计划的编制。	了解公司运输量、车辆情况；货物运输量计划表、车辆计划表、车辆运行作业计划的制作、打印；将打印好的货物运输量计划表、车辆计划表、车辆运行作业计划表传达给相关人员。	理解单据的含义与重点、能够独立完成表单的制作；具有较强的沟通能力，熟悉办公软件的应用。	魏小刚

☞ 任务资讯

一、货物运输计划的种类

货物运输计划是从货物运输的需要出发，在充分利用企业现有运力的基础上编制的，是编制和实现其他计划的依据和基础，其目的是为了把运输的五个环节（货源的组织落实，准备技术状况完好的车辆，在运输起点装货，车辆承载在线路上行驶，在目的地卸货）做出合理的安排，使各个环节紧密相扣、协调一致。

根据运输计划下达的规律和车队的类型，运输计划可以分成两种：一是稳定型，二是临时型。

（一）稳定型运输计划

这类运输计划指的是在某一个时期内，车队的运输任务相对是稳定的、明确的。比如在

一些大型的建筑工地，对一些生产物资的运输，车队可以根据自己的运力情况，安排运输，不会出现没有货的情况。这个时候，车队可以事先制定日计划、月度计划、季度计划和年度计划。

这种类型车队多见于国家重点建设项目（比如高速公路、水电站）和大型企业集团（比如采矿企业、石油公司），而且这类车队一般都是以短途运输为主。

稳定型的运输计划主要包括运输量计划、车辆计划、车辆运用计划和车辆运行作业计划。

运输量计划和车辆计划是企业运输计划的基础部分，车辆运用计划是车辆计划的补充。运输量计划表明社会对汽车运输的需要，车辆计划和车辆运用计划则表明企业可能提供的运输生产能力。它们之间的关系是，根据运输量计划来制定车辆计划，然后再制定车辆运用计划和车辆运行作业计划。

（二）临时型运输计划

临时型的运输计划，有时也叫运输任务或运输订单。它的特点是：运输任务下达给车队的时间很短，一般在两天以内，有时是几个小时。目前，大多数的生产制造企业内部车队、第三方物流公司车队都是采用这种形式。车队往往一接到业务部门或客户的运输订单，就要安排车辆前往装货。当然有时候可能会有一两天的提前期，但变化很大。在这种情况下，车队就很难提前做好车辆计划、车辆运用计划和车辆作业计划了。车队只能够“以客户为中心”，尽最大可能满足客户的需求。因此，这要求车队调度人员必须具备很强的工作能力。

这种类型的运输计划，物流公司的重点在于与客户的沟通和协调。

1. 运输计划的下达

企业或客户的运输计划（运输订单）下达给车队，可通过以下两种形式：

（1）正式的书面通知。如果是企业内部车队，可直接下达；如果是外部客户，一般是通过传真形式或 E－mail 形式下达。极少数的企业间实行了计算机业务联网。

（2）电话或口头通知。在相互熟悉的情况下，发货人可通过电话或口头形式下达运输计划。这时，车队调度人员一定要认真记录相关信息（货物名称和数量、装卸地址、发货时间、运输要求等），防止出错。

2. 运输计划的变动

变动主要来自用车部门和用车企业。变化的形式主要有：

（1）取消计划；

（2）增加或减少计划；

（3）变更装卸地点；

（4）变更发货时间等。

对于上述变更，车队也要做好相应的准备工作。

3. 运输计划的协调

协调主要是来自车队调度的需要。在许多情况下，客户的运输计划都是不考虑车队的运作实际的，在这个时候，车队需要主动与客户进行沟通，主要有以下几种情况：

（1）能否增加运量；

（2）能否减少运量；

（3）能否提前或延后发货时间。

当然，需要说明的是，市场是第一位的，客户也是第一位的，在协商不成功、不能满足车队要求时，应该想方设法满足客户要求，不折不扣地去执行运输计划。

二、货物运输量计划编制

1. 货物运输量计划的含义

货物运输量计划是道路货运企业的运输产品计划，分别规定了计划期内的预计完成的货运量(吨)和周转量(吨·千米)。

2. 货物运输量计划编制的主要依据

货物运输量的计划值，应在深入调查、掌握运输市场供求动态变化趋势的基础上，根据下列有关资料进行确定。

(1)客户下达的计划控制数字。

(2)长期计划中的有关指标。

(3)计划期货物运输量预测资料。

(4)政治经济形势对货运发展的影响。

(5)计划期本企业拥有生产能力。

(6)道路网与交通变化情况。

(7)驾驶员配备与物资供应情况。

(8)有关货运生产的历年统计调查与分析资料。

(9)有关技术经济定额。

根据上述资料，通过运输供求(即运力与运量)平衡预测结果，与上级下达的运输量任务平衡以及运输生产率与经济效果平衡后，在满足社会需要与企业最佳经济效果的前提下，合理确定货物运输量计划值。

三、车辆计划编制

1. 车辆计划

即企业计划期内的运输能力计划，主要是合理确定货运车辆构成，保证有效利用车辆，并以最少的运力完成所提出的计划运输量。

2. 车辆计划的编制

车辆计划是用以确定企业计划期内货物运输量的主要依据之一，也是企业运输计划的重要组成部分。编制时，必须详尽分析货运任务的特点及构成，掌握服务区的道路及装卸工作条件，并据此确定利用挂车所能完成的运输量及所需挂车数，尽可能采用拖挂运输，最大限度地提高汽车运输工作生产率，降低运输成本。

首先，对企业原有车辆的技术状况进行鉴定，确定报废减少的数量；然后，根据预测的运输需求资料，研究分析由车辆在类型上的使用程度，确定车辆增加的数量和类型；最后，计算企业的计划运输生产能力。

四、车辆运行作业计划编制

车辆运行作业计划，是指为了完成企业运输生产计划和实现具体运输过程而编制的运输生产作业性质的计划，它具体规定了每一辆汽车(或列车)在一定时间内的运输任务、作业时间和应完成的各项指标。运行作业计划是企业工作人员进行生产活动的依据，通过运行作业计划可以把企业内部各生产环节组织起来，协调一致地进行生产，确保运输生产任务的完成。

企业的运输计划，虽然按年、季或月安排了运输任务，但也只是提出生产目标，不可能对运输生产活动的细节做出具体安排，也不可能将全部货运任务一一落实到每一辆汽车上。因此，为了实现具体的运输过程，编制车辆运行作业计划是必不可少的重要手段。

车辆运行作业计划的主要任务是：

(1)把企业运输车队、货运车站、维修车间以及有关职能科室有机地组织起来，协调一致地均衡组织运输，保证运输活动顺利进行。

(2)充分发挥车辆运输工作效率，保证企业按日、按期完成运输任务并全面完成各项技术经济指标。

☞ 任务操作

步骤一:货物运输量计划编制

贺成将2015年运量计划情况、2014年货运量完成情况表交给了魏小刚，让魏小刚完成货物运输量计划编制。

1. 2015年货运量计划内容:

表3－1 **2015年货运量计划**

项目		单位吨	本年度计划			
			第一季度	第二季度	第三季度	第四季度
货物品种	砂石	吨	420	560	620	780
	水泥	吨	625	390	607	800
	建材	吨	365	458	526	591
	木材	吨	286	320	386	420
	其他	吨	569	592	725	689

表3－2 **2014年货运量完成情况**

项目		单位	上年实际完成
货物品种	砂石	吨	2150
	水泥	吨	2213
	建材	吨	1709
	木材	吨	1280
	其他	吨	2407

2. 编制货物运输计划

表 3－3　　小麻雀物流公司年度的货物运输量计划表

指标		单位	上年实际	本年度计划					本年度比上年度增长
				第一季度	第二季度	第三季度	第四季度	全年合计	
货物品种	砂石	吨	2150	420	560	620	780	2380	10.7%
	水泥	吨	2213	625	390	607	800	2422	9.44%
	建材	吨	1709	365	458	526	591	1940	13.5%
	木材	吨	1280	286	320	386	420	1412	10.31%
	其他	吨	2407	569	592	725	689	2575	6.97%

步骤二：车辆计划编制

目前，小麻雀物流公司有解放牌厢式货车 4 辆，每辆载重 4.6 吨，东风牌货车 6 辆，每辆载重 10 吨，解放牌挂车 10 辆，每辆载重 20 吨。随着公司业务的扩大，现计划 6 月增加东风牌 10 吨货车 1 辆，7 月增加解放牌 20 吨挂车 1 辆，10 月增加解放牌厢式 4.6 吨货车 2 辆。另外有一辆解放牌 4.6 吨厢式货车于 8 月报废。

魏小刚根据以上计划编制车辆计划表如下：

表 3－4　　小麻雀物流公司 2015 年度车辆计划表

车辆类型	标记吨位数	上年末		本年度计划								本年末	
				增加车辆				减少车辆					
		车数	吨位	第一季度	第二季度	第三季度	第四季度	第一季度	第二季度	第三季度	第四季度	车数	吨位
				车数/吨位									
解放牌厢式货车	4.6T	4	17.6				2 辆/9.2 吨			1 辆/4.6 吨		5	23
东风牌货车	10T	6	60		1 辆/10T							7	70
解放货车	20T	10	120			1 辆/20T						11	220

步骤三：车辆运行作业计划编制

2015 年 3 月 7 日上午 9:00，接到客户运输要求如下：

1. 2015 年 3 月 8 日上午，客户 A 要求将 20T 钢材从平山钢材市场运输到内燃机械厂，装卸两次约2小时，到达钢材市场时间为8:30。

2. 2015年3月8日上午，客户B要求11:30到达火车北站，装运20T水泥，运往平山北路25号建筑公司仓库，装卸两次约需1.5小时。

魏小刚根据客户要求，编制车辆运行作业计划如下：

表3-6　　小麻雀物流公司车辆运行作业计划表

2015年3月8日　　车号:桂C25654　　驾驶员:严家俊

出发时间	起点	到达时间	终点	运行时间	运行里程	运输货物	装卸时间
8:00	公司	8:50	平山钢材市场	20分钟	30公里	钢材20T	1小时
9:30	平山钢材市场	10:00	内燃机械厂	30分钟	30公里	钢材20T	1小时
11:00	内燃机械厂	11:30	火车北站	30分钟	26公里	水泥20T	45分钟
11:45	火车北站	12:30	25号建筑公司仓库	45分钟	50公里	水泥20T	45分钟
13:15	25号建筑公司仓库	14:00	公司	45分钟	52公里	空车	无

调度员:魏小刚

☞ 任务评分

班级			姓名		小组			
任务名称		公路运输计划编制						
考核内容		评价标准	参考分值(100)	学生自评	小组互评	教师评价	考核得分	
职业素养情况	1	具有良好的沟通能力	5					
	2	具有信息搜集能力	5					
	3	在任务实施过程中具有较强的总结能力	10					
知识掌握情况	4	了解稳定型运输计划	10					
	5	了解临时型运输计划	5					
	6	熟知货物运输量计划编制	10					
	7	掌握车辆计划编制	5					
能力提升情况	8	掌握车辆运行作业计划编制	10					
	9	能够独立完成车辆运行作业计划的编制	10					
	10	能够主动搜集所需信息,进行自主学习	10					

续表

参与活动情况	11	积极参与任务实施	5				
	12	积极参与小组讨论	5				
	13	积极回答老师提问	10				
小计							
合计 = 自评 * 20% + 互评 * 40% + 教师评 * 40%							

操作习题作业

☞ 模拟案例

2015 年 3 月 7 日上午 8:30，接到客户运输要求如下：

1. 2015 年 3 月 8 日上午，客户 A 要求将 20T 建材从平山建材市场运输到 25 号建筑公司仓库，装卸两次约 1 小时 40 分钟，到达建材市场时间为 8:30。

2. 客户 B 要求 11:10 到达火车北站，装运 20T 钢材，运往钢材市场，装卸两次约需 2 小时。

3. 从公司到建材市场约行驶 35 公里，耗时约 30 分钟。

4. 建材市场到 25 号建筑公司仓库行驶 20 公里，耗时约 15 分钟。

5. 建筑公司仓库到火车北站行驶 26 公里，耗时约 20 分钟。

6. 火车北站到灵川钢材市场行驶 18 公里，耗时约 22 分钟。

7. 从灵川钢材市场返回公司行驶 30 公里，耗时约 20 分钟。

这两个公司是否能够使用同一辆车完成运输任务？请填写下表：

表 3－7　　小麻雀物流公司车辆运行作业计划表

2015 年 3 月 8 日　　车号：桂 C25654　　驾驶员：严家俊

出发时间	起点	到达时间	终点	运行时间	运行里程	运输货物	装卸时间

调度员：魏小刚

☞知识考核

一、单选题

1. 货物运输计划是从货物运输的(　　)出发，在充分利用企业现有运力的基础上编制的。

A. 现实　　B. 需要　　C. 基础　　D. 实际

2. (　　)主要是合理确定货运车辆构成，保证有效利用车辆，并以最少的运力完成所提出的计划运输量。

A. 运输量计划　　B. 调度作业计划　　C. 车辆计划　　D. 运输作业计划

3. (　　)这类运输计划指的是在某一个时期内，车队的运输任务相对是稳定的、明确的。

A. 集中型　　B. 临时型　　C. 稳定型　　D. 分散型

二、多选题

1. 运输计划可以分成(　　)。

A. 集中型　　B. 临时型　　C. 稳定型　　D. 分散型

2. 稳定型的运输计划主要包括(　　)。

A. 运输量计划　　B. 车辆计划

C. 车辆运用计划　　D. 车辆运行作业计划

3. 企业或客户的运输计划(运输订单)下达给车队，可通过(　　)形式。

A. 正式的书面通知　　B. 电话通知　　C. 口头通知　　D. 文件通知

三、判断题

1. 稳定型运输计划，物流公司的重点在于与客户的沟通和协调。(　　)

2. 运输量计划和车辆计划是企业运输计划的基础部分。(　　)

3. 车辆运行作业计划的主要任务有：充分发挥车辆运输工作效率，保证企业按日、按期完成运输任务并全面完成各项技术经济指标。(　　)

任务二　公路运输调度安排

☞任务目的

1. 了解调度；
2. 了解调度工作所需要考虑的因素；
3. 熟知调度工作的职责；
4. 掌握运力调度内容；
5. 掌握始发站、目的站取送调度内容；
6. 能够独立完成车辆调度工作；
7. 能够独立完成始发站、目的站取送调度工作。

☞任务内容

2015年3月7日下午15:00，接到桂林娃哈哈食品有限公司运输订单，要求将货品于3月9日下午17:00前送达。运输订单具体情况如下：

表 3－8　　小麻雀物流公司运输订单

客户名称:桂林娃哈哈食品有限公司　　订单号 D20150307014

取货地点:桂林市临桂西城工业区　　取货日期时间:2015 年 3 月 9 日上午 10:00

联系人:李小萌　　联系电话:0773－3255432

收货单位:南宁市金太阳食品商贸公司　　收货地址:南宁市明秀路 18 号

联系人:陈 新　　联系电话:0771－3767654

商品名称	数量	单位	重量(吨)	体积
娃哈哈纯净水	550	箱	5	
娃哈哈营养快线(菠萝味)	450	箱	3	
娃哈哈 AD 钙奶	600	箱	2	
合计			10	

☞任务准备

计算机、互联网、笔、纸、车辆调度安排表

☞ 任务分工

岗位	岗位职责	主要内容	技能要求与基本素质	对应人员
调度员	能够独立完成车辆调度工作; 能够独立完成始发站、目的站取送调度工作。	接收客户运输订单,根据实际情况制作、打印车辆调度安排表; 将打印好的车辆调度安排表准确、及时地传达给司机。	理解单据的含义与重点、能够独立完成表单的制作; 具有较强的沟通能力,熟悉办公软件的应用。	魏小刚
司机	能够独立完成运输任务。	接收车辆调度安排表,及时做好车辆的保养维护工作,安全、准时、经济的把货品完成取、送货工作; 将货物交由收货人,并与收货人签字确认; 将签收后的单据带回,交给公司留档。	充分了解车辆的特性; 充分了解一般货品的特性; 掌握车辆保养维护的方法; 有吃苦耐劳精神; 有团队合作意识。	刘宇浩

☞ 任务资讯

运输企业接到货运任务后，调度就要着手任务与人员的指派、安排车辆前往装货，这就是调度。调度工作的主要内容就是根据运输任务，安排正确的车辆、正确的驾驶员和正确的路线。

一、车辆调度

车辆调度的目的就是安排正确的车辆。何谓正确呢？运输企业可能有很多货车，当你接到一个货运任务的时候，你究竟安排哪一种车型执行这次运输任务呢？主要应考虑以下几个方面。

1. 车辆品牌的选择

如东风、解放、五十铃等，在选择时，主要应考虑这些品牌车辆的质量水平和性能。比如，若是往重庆运 10 吨货物，考虑到山路多、上坡多，可能安排解放牌货车比较适宜。因为解放牌货车动力性要比东风牌好些，五十铃牌货车也不适宜于山路行使。当然，车辆品牌的考虑并不是主要的因素。

2. 车辆吨位的选择

运输企业的车辆可能有限载为 3 吨、5 吨、10 吨等不同的车辆，在选择它们的时候，主要考虑该次运输任务的货量大小。需要注意的是，国内的实际情况是车辆都有超载现象，因此 5 吨车可能装 8 吨货，但最好注意不要超过 30%。

3. 车辆容积的选择

这主要与吨位结合起来考虑。在安排车辆的时候，要通过各种途径了解货物的实际情况。许多时候，重量没问题，但体积装不下。这比较常见于一些轻泡货物、有包装的货物、不规则的货物，在这些情况下，车辆的容积利用率都不高。因此，在安排车辆时，容积是必须考虑的因素。

4. 车辆货箱形式的选择

车辆货箱形式目前主要有平板车、低栏板车、高栏板车、篷布车、箱式车（普通箱、冷藏箱）这几种。在安排车辆的时候，这也是必须考虑的因素。如果是高附加值的纸箱包装货物，最好安排箱式车，但如果是机械设备类的货物，就不能安排箱式车了，应该安排平板车或低栏板车。另外。考虑到防雨的需要时，应该安排箱式车。

5. 车况的选择

车况的好坏也是车辆安排时要重点考虑的因素。运输企业的车况肯定是有差异的。车况较好的车辆应该安排在长途运输、复杂道路、重要客户、重要货物上。相反，对于那些短途、不是很重要的运输，安排车况差些的车辆，即使出现问题，影响也比较小，比较好解决问题。

6. 综合因素的考虑

在选择车辆时，除了要考虑上述五个方面的因素，还要综合其他各方面因素，比如当天的运输任务情况、车辆归队情况、天气情况、驾驶员和道路情况等。

二、驾驶员安排

调度的另一项内容就是驾驶员的安排。对于“人车定位”的运输企业来说，车辆安排好了，驾驶员也就安排好了。所以在安排车辆的时候，就要考虑驾驶员的情况。在安排驾驶员时，主要考虑以下因素。

1. 驾驶经验与技术水平

运输企业里驾驶员的驾驶经验和驾驶的技术水平是千差万别的。在安排人员的时候，这是最重要的考虑因素之一。一般情况下，驾驶经验丰富、驾驶技术好的驾驶员应该安排执行那些道路条件复杂的运输任务，比如长途山路、城市道路的运输任务。

2. 维修技术水平

有的驾驶员具有一定的维修技术，一般的车辆故障都能自行解决，这样的驾驶员可以安排驾驶那些车况较差的车辆或执行长途运输任务。

3. 工作态度

驾驶员往往都要直接与客户，或客户的客户接触，他们的工作态度会直接影响运输企业的形象。除此之外，工作态度也是影响运输质量的重要因素。在有的运输过程中，会涉及许多其他辅助性工作，比如单证处理、货物清点与交接等。对于比较复杂的运输任务，一定要安排工作态度较好的驾驶员去执行，否则一定会出现麻烦。

4. 性格特点

驾驶员的性格特点在调度方面有三点需要注意。一是性格内向的驾驶员，应该安排那些比较简单的运输，而面对那些需要回答、需要与客户沟通的运输，最好安排那些性格外向、善于沟通的驾驶员去做。二是对于那些性格比较急躁、喜欢开快车的驾驶员，应该少安排其跑高速和城市道路。三是对于同时安排两个驾驶员跑长途时，要考虑两个驾驶员的性格特点是否能够很好地配合。如果两个人之间存在矛盾，就会影响行车安全。

5. 文化水平

有些运输任务需要用到比较多的文化知识，比如涉及国际货运（转关运输、保税物流等）时，可能环节多、单证多（英文单证），这就需要文化水平高一点的驾驶员出车。

6. 身体条件

身体状况主要考虑两方面：一方面是驾驶员本身的身体条件（身高、体重、有无病史等），另一方面是驾驶员当前的身体状况，比如生病与否？休息好了与否？调度在具体安排出车的时候，一定要考虑这些因素，因为这些因素涉及安全状况。

7. 思想状况

这里说的思想状况是指驾驶员有无思想包袱，是否愿意执行本次运输任务等。作为调度人员，不要强迫驾驶员出车，如果驾驶员不愿意去，要了解不愿意去的原因，做好其思想工作。如果做思想工作无效，最好更换驾驶员。

8. 家庭情况

调度人员应该对驾驶员的家庭情况有所了解。有强烈恋家倾向的驾驶员，最好少安排他跑长途。如果知道其家里有纠纷，也最好少安排其出车。

以上八点，是安排驾驶员时要考虑的因素。需要具体说明的是，在做某次调度的时候，并非要同时满足以上八点，而是要针对当时的具体情况，重点考虑和分别对待。

三、线路安排

安排好车辆和驾驶员之后，就要进行路线的安排了。如果是市内的短途运输，线路选择比较简单，在此就不作介绍了。这里主要介绍长途运输的路线选择。

1. 只有一个装货点和一个卸货点的线路安排

这种情况比较多见，客户的货物指定了装卸点，运输企业调度只需要规定驾驶员走哪条道路就行了。比如，是走国道，还是走高速公路。一般来说，在许多情况下，运输企业都不会规定得很死，而由驾驶员自己选择。

2. 有一个装货点但有多个卸货点的路线选择

这种情况多见于大型生产企业，尤其是快速消费品生产企业的内部运输。在企业仓库装货，送往分布在全国各个城市的销售点(销售分公司、批发商、代理商、加盟店)。这种运输方式还有一个特点，就是同一天有很多要货单位，而且要货量都不是很大，需要几家的货物才能装一个货车。第三方物流公司的零担运输也是这种情况，这时候，调度起来相对比较复杂，因为不同的线路组合会有不同的效果，所带来的综合效益是不同的。

3. 运输路线安排需要考虑的因素

(1)道路情况。首先，应该考虑的是同一辆车上的货物是否是同一个方向，顺不顺路，这点是最关键的。其次，是道路的具体通行情况，比如高速公路是否封闭修路等。这要求调度人员对道路情况非常熟悉。

(2)车辆装载情况。不能超载太多，也不能装载太少。8 吨的车，如果是长途的话，要装载 6 吨以上。

(3)卸货点之间的距离。如果同一辆车上载多个地点的货物，尤其是这些地点相距比较远时，要考虑前面卸货后，车辆上还有多少货物。如果大多数的货物都在前面卸完了，后面长距离运输的可能只有少量货物，车辆的吨位利用率很差。

(4)每个卸货点的卸货时间。卸货速度慢的地方，尽量放在后面到达，否则它会影响其他点的到货时间。比如，假设天津的卸货速度很慢，那么第二种方案就不如第一种方案好了。

(5)具体的到货时间。有的卸货点可能在市中心，是禁区，白天不能通行，只有晚上才能卸货。这时，就要考虑具体的到货时间。在安排时，尽量避开白天到达该点。

(6)天气条件。比如是否下雪、下雾、冰冷等。

(7)车辆、驾驶员、线路等情况的综合考虑。线路安排的时候，还有考虑车辆、驾驶员情况，比如车辆性能是否适合在北方寒冷地区运输?

四、货物运输调度的职责

1. 调度的基本原则

(1)坚持统一领导和指挥，分级管理、分工负责的原则。

(2)坚持从全局出发，局部服从全局的原则。

(3)坚持以均衡和超额完成生产计划任务为出发点的原则。

(4)最低资源(运力)投入和获得最大效益的原则。

2. 货物运输调度所担负的职责

(1)负责货物运输调度的全面工作和处理日常事务。

(2)掌握驾驶员、修理工、管理员思想动态，提高政治素质。

(3)主管安全工作，贯彻公安交通部门安全行车规定，填报安全、事故报表;召集例会，讨论解决重大问题，并经常向上级请示报告。完成中心各项经济指标，确保中心经济效益。

(4)掌握车辆使用、保养、修理情况，督促各类人员各尽其职。严格执行规章制度，秉公执法，赏罚严明。

(5)听取用户意见，开展优质服务竞赛，提高服务质量。

(6)合理调度货物车辆，做到车辆调度时间、地点、任务明确，一般情况下执行长途任务的车辆隔日通知，并负责车辆调度登记表；合理安排调度、驾驶员出车路程、次数、时间，做到同类车效益相对平衡。

(7)积极承接外来业务，努力增收节支，完成和超额完成指标；督促驾驶员出车准时、准点，车辆按指定时间、地点停放和到达。

五、运力调度

交通运输业的迅猛发展使得货运车辆调度成为物流系统中的关键一环。其中运力调度尤其重要，能否合理地调配运力，满足货运的要求，也是衡量货物运输计划编制是否合理和完善的标准。对于货物运输的运力调度问题从以下几个方面来说明。

1. 制定详细的运力调度方案

对于普通的货物运输，执行已制定的调度方案即可解决运力调度问题。但是遇到诸如货运量大、节假日等情况时，则有可能要新投入车辆，增加车次，这就需要加强配车和调度，加强各途径之间的衔接和运力调度，保证货物安全完整地运送到目的地，满足货运双方的需求。

2. 科学调度，合理安排运力

有限运力条件下，要科学调度，在合理安排运力的情况下，本着统筹兼顾、合理安排的原则，明确运力配备的车号、吨位、驾驶员姓名及联系电话，随时待命，组织好货物运输工作。

3. 特殊情况下的运力调度

遇到特殊情况，可通过货运车辆总调度平台，将运力调度和其他工作协调起来，建立规范性的调度应急处理机制，调度运力得当，防止运输过程中的混乱，确保运输安全、及时、畅通、有序地进行。

六、始发站、目的站取送调度

1. 始发站的取送调度

在始发站，一般对货物车辆信息进行统一管理，方便发货的时候对货物车辆进行调度。当接到货物运输的信息后，调度员会根据货运车辆信息和人员信息来合理地调度车辆和人员，进行统一管理。取送调度有一系列的工作流程：装车员进行货物的取装，监装员填写装车的相关记录，调度员发布调度命令，调度员登记调度命令，调度员交付调度命令，司机根据调度命令进行运输等。

2. 目的站的取送调度

当货车到达目的站以后，同样也有一系列的取送调度过程。运输调度人员需要安排取货时间，发出取货通知单。站场人员卸货后，进行检查货物的数量、完整性等工作。

☞ 任务操作

步骤一：运力调度

魏小刚调阅司机及车辆信息情况，如下：

表 3－9　　司机及车辆信息情况表

司机姓名	司机电话	车牌号	车长(m)	载重(T)
李明鸿	13807739085	桂 C26543	9.6	10
刘宇浩	13977329086	桂 C26546	9.6	10
王宇烈	13877369087	桂 C26547	9.6	10
……	……	……	……	……

根据运输订单要求，结合实际情况，魏小刚安排刘宇浩完成此项运输任务。

步骤二：始发站取送调度

魏小刚根据桂林娃哈哈食品有限公司的要求，安排刘宇浩2015 年3 月9 日上午9:30，从公司出发，到桂林娃哈哈食品有限公司取货，约20 分钟，再进行装车约1 小时。

步骤三：目的站取送调度

上午11:00 能够上到高速公路，桂林到南宁全程高速公路400 公里，约4 个半小时，刘宇浩到达南宁应该是15:30，从高速公路下来，直接送到南宁市金太阳食品商贸公司约40 分钟，即16:10 分能够到达。

表 3－10　　小麻雀物流公司车辆调度安排表

日期：　　单号:20150307005

起始站	目的站	是否取货	是否送货
桂林	南宁	是	是
取货时间	2015 年3 月8 日上午10:00	到货时间	2015 年3 月8 日下午17:00
司机	刘宇浩	车号	桂 C26546
出发时间		返回时间	
行驶里程		调度员	魏小刚

☞ 任务评分

班级			姓名		小组			
任务名称		公路运输调度安排						
考核内容		评价标准	参考分值(100)	学生自评	小组互评	教师评价	考核得分	
职业素养情况	1	具有良好的沟通能力	5					
	2	具有信息搜集能力	5					
	3	在任务实施过程中具有较强的总结能力	10					

续表

知识掌握情况	4	了解调度工作所需要考虑的因素	10				
	5	熟知调度工作的职责内容	5				
	6	掌握运力调度内容	10				
	7	掌握始发站、目的站取送调度	5				
能力提升情况	8	能够独立完成车辆调度工作	10				
	9	能够独立完成始发站、目的站取送调度工作	10				
	10	能够主动搜集所需信息，进行自主学习	10				
参与活动情况	11	积极参与任务实施	5				
	12	积极参与小组讨论	5				
	13	积极回答老师提问	10				
小计							
合计 = 自评 * 20% + 互评 * 40% + 教师评 * 40%							

操作习题作业

☞ 模拟案例

2015 年 3 月 8 日下午 14:30，南宁可口可乐公司运输订单，要求 3 月 9 日下午 17:00 前送达桂林市浩达贸易公司指定收货地点。具体情况如下：

表 3 - 11　　小麻雀物流公司运输订单

客户名称：南宁可口可乐饮料有限公司　　订单号 D20150308015

取货地点：南宁市高新技术开发区　　取货日期时间：2015 年 3 月 9 日 9:00

联 系 人：韦丽英　　联系电话：0771 - 3515432

收货单位：桂林市浩达贸易公司　　收货地址：桂林市中山北路 25 号

联 系 人：鲁希　　联系电话：0773 - 2697654

商品名称	数量	单位	重量(吨)	体积
可口可乐 2.5 升装	460	箱	6	
可口可乐 500 毫升装	650	箱	7	
可口可乐 300 毫升装	500	箱	5	
合计			18	

表 3 - 12　　司机及车辆信息情况表

司机姓名	司机电话	车牌号	车长(m)	载重(T)
张达明	13807738085	桂 C31546	9.6	20
赵冲	13977328086	桂 C26548	9.6	10
黄江	13877368087	桂 C22547	9.6	4.6
……	……	……	……	……

魏小刚需要填写车辆调度单：

表 3 - 13　　小麻雀物流公司车辆调度安排表

日期：　　　　单号:20150308002

起始站	目的站	是否取货	是否送货
取货时间		到货时间	
司机		车号	
出发时间		返回时间	
行驶里程		调度员	

☞ 知识考核

一、单选题

1. (　　)是运输企业接到货运任务后，调度就要着手任务与人员的指派、安排车辆前往装货。

A. 计划　　B. 调度　　C. 组织　　D. 协调

2. 有一个装货点但有多个卸货点的路线选择，这种情况多见于大型生产企业，尤其是(　　)生产企业的内部运输。

A. 快速消费品　　B. 日用品　　C. 食品　　D. 化工

3. 比如涉及国际货运(转关运输、保税物流等)时，可能环节多、单证多(英文单证)，这就需要(　　)的驾驶员出车。

A. 认真勤奋　　B. 工作态度好一点

C. 开车技术好一点　　D. 文化水平高一点

二、多选题

1. 调度工作的主要内容就是根据运输任务，安排(　　)。

A. 正确的车辆　　B. 正确的驾驶员

C. 正确的路线　　D. 正确的时间

2. 货物运输调度所担负的职责有：负责货物运输调度的(　　)。

A. 全面工作　　B. 日常事务　　C. 重要工作　　D. 普通工作

3. 车辆调度需要考虑车辆的(　　)。

A. 车辆吨位　　B. 车辆容积

C. 车辆货箱形式　　D. 车况

三、判断题

1. 车况较好的车辆应该安排在长途运输、复杂道路、重要客户、重要货物上。(　　)

2. 国内的实际情况是车辆都有超载现象，但最好注意不要超过10%。(　　)

3. 驾驶员往往都要直接与客户，或客户的客户接触，他们的工作态度会直接影响运输企业的形象。(　　)

模块四 4
公路整车货物运输实务

▶学习要点

1. 了解整车货物运输的概念；
2. 重点熟悉站务工作内容；
3. 掌握货物装卸的基本要求；
4. 熟悉运输单据的格式及填写要求。

▶案例导入

魏小刚完成了调度工作，向贺成报告了情况。贺成听后觉得很不错，对他说："小刚，既然这个调度工作你已经完成了，不如就把这个工作做完吧！继续跟进这次整车运输任务。"

魏小刚接了这个整车运输任务，非常激动和好奇，摩拳擦掌跃跃欲试，力图圆满完成这一次工作任务。究竟整车货物运输需要做些什么呢？

任务一　认知整车货物运输

☞ 任务目的

1. 了解整车运输的概念和特点；
2. 掌握整车货物运输生产过程构成；
3. 了解整车货物运输生产过程组织的原则。

☞ 任务内容

魏小刚来到整车运输业务部门，仔细观察整车货运的操作流程，争取顺利上手整车货运业务。他暗想，明天就要开始进行整车货运工作了，时间紧任务重，可别把这个工作给搞砸了。

☞ 任务准备

计算机、互联网

☞ 任务分工

岗位	岗位职责	主要内容	技能要求与基本素质	对应人员
岗前了解	无	了解整车货物运输的概念和特点	了解整车货物运输的概念和特点	魏小刚
岗前了解	无	掌握整车货物运输生产过程的构成	掌握整车货物运输生产过程的构成	魏小刚
岗前了解	无	了解整车货物运输生产过程组织的原则	了解整车货物运输生产过程组织的原则	魏小刚

☞ 任务资讯

道路货物运输货种繁多，货物的批量大小不同，各种货物对装运车辆也有不同要求。因而需要公路货物运输企业以多种运输类别满足货物托运人的要求。目前我国公路货物运输企业开发的运输类别主要有以下几种形式：整车货物运输、零担货物运输、特种货物运输、集装箱货物运输、专项运输、联合运输等。

☞ 任务操作

步骤一：整车货物运输的概念

托运人一次托运的货物在3t（含3t）以上，或虽不足3t，但其性质、体积、形状需要一辆3t以上车辆执行公路货物运输的，均为整车货物运输。

为明确运输责任，整车货物运输通常是一车一张货票、一个发货人。为此，公路货物运输企业应选派额定载重量（以车辆管理机关核发的行车执照上标记的载重量为准）与托运量相适应的车辆装运整车货物。一个托运人托运整车货物的重量（毛重）低于车辆额定载重量时，为合理使用车辆的载重能力，可以拼装另一托运人托运的货物，即一车二票或多票。但货物总重量不得超过车辆额定载重量。

整车货物多点装卸，按全程合计最大载重量计重。最大载重量不足车辆额定载重量时，按车辆额定载重量计算。

托运整车货物由托运人自理装车。未装足车辆额定载重量时，按车辆额定载重量核收运费。

整车货物运输一般不需中间环节或中间环节很少，送达时间短，相应的货运集散成本较低。涉及城市间或过境贸易的长途运输与集散，如国际贸易中的进出口商，通常乐意采用以整车为基本单位签订贸易合同，以便充分利用整车货物运输的快速、方便、经济、可靠等优点。

步骤二：整车货物运输的生产过程

整车货物运输生产过程是一个多环节、多工种的联合作业系统，是社会物流必不可少的、重要的服务过程。这一过程是公路货物运输业的劳动者运用运输车辆、装卸设备、承载器具、站场设置等，通过各种作业环节，将货物这一运输对象，从始发地运送到目的地的全过程。它由四个相互关联、相互作用的部分组成，即运输准备过程，基本运输过程、辅助运输过程和运输服务过程。

1. 运输准备过程

运输准备过程又称运输生产技术准备过程，是货物进行运输之前所做的各项技术性准备工作。包括车型选择、线路选择、装卸设备配置、运输过程的装卸工艺设计等都属于技术准备过程。

2. 基本运输过程

基本运输过程是运输生产过程的主体。它是指直接组织货物，从起运地至到达地完成其空间位移的生产活动，包括起运站装货、车辆运行、终点站卸货等作业过程。

3. 辅助运输过程

辅助运输过程是指为保证基本运输过程正常进行所必需的各种辅助性生产活动。辅助运输过程本身不直接构成货物位移的运输活动。它主要包括车辆、装卸设备、承载器具、专用设施的维护保护与修理作业，以及各种商务事故、行车事故的预防与处理工作，营业收入结算工作等。

4. 运输服务过程

运输服务过程是指服务于基本运输过程和辅助运输过程中的各种服务工作和活动。例如，各种行车材料、配件的供应，代办货物储存、包装、保险业务，均属于运输服务过程。

构成整车货物运输生产过程的各个组成部分的划分是相对的。它们之间的关系既表现了一定的相对独立性，又表现了相互关联性。同时，通过运输准备过程、辅助运输过程、运输服务过程活动，可以使基本运输过程能够与物流过程的各个功能环节有机地协调起来，使得运输生产过程的服务质量得以提高。

步骤三：整车货物运输生产过程组织的原则

整车货物运输的生产过程与工业企业的生产过程不同之处是：它不提供有形的物质产品，

只是提供给消费者空间移动的效用。运输生产与运输消费同时发生、同时结束，因而不能储存、不能调拨。所以，尽可能的压缩货物的承运、运行、交付的时间，不仅可加速运输生产过程，加快车辆周转，为运输企业带来经济效益，而且节约了货物在途时间，减少途中货物数量与重量的损失，使商品能够提前供应生产和消费，减少国民经济的建设资金在流通领域内的积压等，能带来社会效益。

整车货物运输生产过程的组织与企业的服务项目、经营规模、车型结构、营运范围、经营组织、经营方式，以及市场货源充沛程度、货流在时间上和空间上的分布、服务要求等有密切关系。尽管企业有各自的特点，针对运输生产过程组织而言，最基本的要求是尽可能地做到运输生产过程的连续性、协调性和均衡性。

1. 连续性

连续性是指在运输过程的各个生产环节、各项作业之间，在时间上能够紧密衔接和连续进行，不发生各种不合理的中断现象，使货物在接受运输服务过程中的各项作业能够很好地衔接起来，不发生或少发生不必要的停留和等待现象。

连续性要求是提供较高运输服务水准、获得较高劳动生产率的重要因素。它可以缩短货物的在途时间，提高运送速度;可以有效地利用车辆、站场和仓库，提高设备利用率;可以改善运输服务质量、节约运输时间与费用等等。

为了提高运输过程的连续性，应当重视以下几方面工作。

(1)加强运输车辆、运输设施、装卸设备、承载器具等的标准化、系列化和通用化工作。加强“三化”工作可以大大提高物流过程中的包装、装卸、运输、储存、分送等各项作业环节中的连续性。集装设施与设备实现标准化、系列化、通用化，不仅可以提高整车货物运输过程的连续性，还能提高汽车与其他运输方式的衔接性，避免了功能性的换装等作业所引起的停滞。

(2)按照货流系统化的思路尽可能采用先进的工艺方案，加强运输过程组织与控制手段，以优越的技术条件与先进的经营管理方法相结合，提高整车货物运输过程的连续性。

(3)运行安排的合理性。所谓运行安排的合理性是指在组织营运车辆参加运输生产时，在企业内部应做到:尽可能地减少车辆的空驶过程（有计划的调空行程例外），提高车辆的行程利用。因为在货物运输中，由于货物的流向、货物特性的要求不同，常常不能充分利用车辆的回空行程。这就要求调度机构周密地编制车辆运行作业计划，在较大的空间范围内组织循环运输，依据车队驻地就近安排承运（可以减少车辆的回空行程和出入车场的空驶行程）。对物资单位则应协助其合理安排货物运输，减少迂回、对流、折返等不合理运输，节约社会运输费用。

(4)辅助过程的紧凑性。辅助过程包括准备过程和结束过程的运输生产辅助过程，是保证基本生产过程的必备条件。在一定的时间间隔内，压缩辅助过程的时间，必然可以增加基本生产过程的时间。所以，在组织运输生产中，应提高商务承办部门的工作效率(货运手续的办理与交付，货物装卸，车辆清洗和保修的机械化等)，力求在最短的时间内使营运车辆迅速转入下一运次。为了减少营运车辆在上下运次之间的间断时间，除大力组织货源以减少车辆停驶的间断时间之外，组织多班制(即人停车不停的方法)运输，是延长出车时间，减少车辆停驶时间的一项有效措施。

2. 协调性

协调性是指运输过程中的各个环节、各项作业之间，在时间上尽可能保持平行关系，在生产能力上保持比例关系。这两方面关系的实现就可以在确保运输服务质量的前提下，使所配备的生产人员（驾驶员、装卸1人及其他生产工作人员等）、车辆（车型、吨座位等）、运输设施（站场、装卸设备等）在数量上协调配合，不发生失调、脱节现象。

运输过程的协调性是现代化大生产的客观要求，是劳动分工与协作的必然结果。将运输过程的各个环节、各项作业在安排生产能力上保持协调性，既可以大大提高旅客或货物的运送速度，又可以提高车辆、设备、站场等设施设备、工具的利用率和劳动生产率，进一步提高运输过程的连续性。

在整车货物运输生产活动中，由于货流的变化、技术组织条件的改变、经营机制的不断完善等原因，都会使各个生产环节、各项作业间生产能力和作业安排发生较大改变。因此，为了适应协调性作业要求，必须注意发现薄弱环节，及时采取有效的技术组织措施加以改善。特别强调企业各职能部门的协调性。运输生产本身是一个综合性的生产过程，虽然车辆的运行组织主要是由业务、调度、车队、车站负责，但是运行物资供应、人力调配、资金供应、生活管理、站务工作等都直接或间接地与之相关，只有各职能部门通力合作，密切协调，提高本身的工作效率，并为下一环节创造有利的工作条件，才能保证运输生产过程有最优的利用效果。

3. 均衡性

均衡性是指企业及其内部各个生产环节在同一时期内，完成大致相等的工作量，或稳步递增的工作量，避免出现时松时紧、前松后紧等情况。保持运输过程的均衡性有利于企业保持正常的生产秩序，有利于充分利用车辆、站场、设备、仓库的生产能力，有利于提高行车安全和提高运输服务质量。需要指出的是，运输过程应充分体现其服务过程。其均衡性要求只能是相对的，是以满足货主的要求为前提的。运输过程组织者应当尽量做到车辆、人员负荷的相对均衡性。

为了做到运输过程的均衡性，应当运用现代市场营销观念，采用合同运输等方式，与货主建立长期、稳定的运输服务合作关系。均衡性要求是保障运行安全、可靠的重要基础。否则，有可能欲速不达，甚至酿成行车事故或机件故障等。

综上所述，运输生产过程的连续性、协调性、均衡性要求，是以整车货物运输企业服务于社会、货主的现代市场营销思想为指导的。因而，必须以系统观念看待运输生产过程的各项基本要求，不能片面地强调某一项要求，而放弃其他各项要求。按照组织运输生产过程的基本要求，应以企业所承担的运输业务量与其拥有的运输能力相适应为基础，即企业配备的车辆、装卸机具、维修设备、站场设施、职工数量及构成，应与企业承担的运输业务量相适应，否则，难以达到这些基本要求。

☞ 任务评分

班级			姓名		小组			
任务名称		认知整车货物运输						
考核内容		评价标准	参考分值(100)	学生自评	小组互评	教师评价	考核得分	
职业素养情况	1	具有良好的沟通能力	5					
	2	具有信息搜集能力	5					
	3	在任务实施过程中具有较强的总结能力	10					
知识掌握情况	4	掌握整车运输的功能和作用	10					
	5	了解整车运输的概念和特点	5					
	6	熟悉整车运输与物流各环节之间的关系	10					
	7	了解我国整车运输业现状	5					
能力提升情况	8	能够对整车运输有清晰的认识	10					
	9	能够对了解整车运输的任务有清晰的认识	10					
	10	能够主动搜集所需信息，进行自主学习	10					
参与活动情况	11	积极参与任务实施	5					
	12	积极参与小组讨论	5					
	13	积极回答老师提问	10					
小计								
合计 = 自评 * 20% + 互评 * 40% + 教师评 * 40%								

☞ 知识考核

一、单选题

1. 托运人一次托运的货物在3t(含3t)以上，或虽不足3t，但其性质、体积、形状需要一辆3t以上车辆执行公路货物运输的，均为(　　)。

A. 配送　　B. 运输　　C. 整车运输　　D. 零担运输

2. 整车货物运输通常是一车(　　)货票、(　　)发货人。

A. 一张、一个　　B. 二张、一个

C. 一张、两个　　D. 两张、两个

二、多选题

1. 整车货物运输由(　　)相互关联、相互作用的部分组成。

A. 运输准备过程　　B. 基本运输过程

C. 辅助运输过程　　D. 运输服务过程

2. 整车货物运输最基本的要求是尽可能地做到运输生产过程的(　　)。

A. 连续性　　B. 协调性　　C. 均衡性　　D. 一致性

3. 为了提高整车货物运输过程的连续性，应当重视以下几方面工作(　　)。

A. 加强运输车辆、运输设施、装卸设备、承载器具等的标准化、系列化和通用化工作

B. 提高整车货物运输过程的连续性

C. 运行安排的合理性

D. 辅助过程的紧凑性

三、判断题

1. 整车货物多点装卸，按全程合计最大载重量计重。(　　)

2. 整车货物运输的生产过程与工业企业的生产过程不同之处是：它不提供有形的物质产品，只是提供给消费者时间的效用。(　　)

3. 在整车货物运输生产活动中，由于货流的变化、技术组织条件的改变、经营机制的不断完善等原因，都会使各个生产环节、各项作业间生产能力和作业安排发生较大改变。(　　)

任务二　整车货物运输作业

☞ 任务目的

1. 掌握整车货物运输的发送站务工作；

2. 掌握整车货物运输的途中站务工作；

3. 掌握整车货物运输的到达站务工作；

4. 了解整车货物装卸的形式。

☞ 任务内容

魏小刚将自己一天的观察学习的情况向贺成做了汇报，并附上了自己学习整车运输的报告。贺成看完之后，赞扬了魏小刚，并要求魏小刚明天能独立承接整车货运业务。魏小刚马上投入了整车运输的工作准备中，有了之前的观察和学习，他对这次任务的完成信心满满。

☞ 任务准备

计算机、互联网、货运单

☞ 任务分工

岗位	岗位职责	主要内容	技能要求与基本素质	对应人员
调度员	独立完成整车货物运输作业流程。	掌握整车货物运输作业流程;	能够根据实际情况进行车辆调度; 完成在途跟踪作业; 具有较强的协调能力、沟通能力。	魏小刚
司机	将货物准确、安全、及时送达收货人	按照《货运单》到托运人处取货; 配合托运人、收货人进行货物装车、卸车作业; 送交收货人后，按照要求签单交回。	迅速、准确、高效的完成装车、卸车工作; 安全、准时、准确将货品送交收货人; 运输及时、零投诉; 有责任心。	刘宇浩

☞ 任务资讯

整车货物运输过程（简称货运过程）是指货物从受理托运开始，到交付收货人为止的生产活动。货运过程一般包括货物装运前的准备工作、装车、运送、卸车、保管和交付等环节。货物只有在完成了上述各项作业后，才能实现其空间的位移。车站则是开始并结束货物运输的营业场所。

整车货物运输的站务工作可分为发送、途中和到达三个阶段。其内容包括:货物的托运与承运，货物装卸、起票、发车，货物运送与到达交付，运杂费结算，商务事故处理等。

一、整车货物运输的发送站务作业

货物在始发站的各项货运作业统称为发送站务工作。发送站务工作主要由受理托运、组织装车和核算制票等三部分组成。

(一)受理托运

受理托运必须做好货物包装，确定重量和办理单据等项作业。

1. 货物包装

货物的包装属物资部门的职责范围。为了保证货物在运输过程中的完好和便于装载，发货人在托运货物之前，应按国家标准(代号 GB)以及有关规定进行包装。凡“标准”内没被列入的货物，发货人应根据托运货物的重量、性质、运距、道路、气候等条件，按照运输工作的需要做好包装工作。车站对发货人托运的货物，应认真检查其包装质量，发现货物包装不合要求时，应建议并督促发货人将其货物按有关规定改变包装，然后再行承运。

凡在搬运、装卸、运送或保管过程中，需要加以特别注意的货物，托运方除必须改善包装外，还应在每件货物包装物外表明显处，贴上货物运输指示标志。

2. 确定重量

货物的重量不仅是企业统计运输工作量和核算货物运费的依据，而且与车辆车载重量的充分利用，保证行车安全和货物完好有关。货物重量分为实际重量和计费重量。货物重量的确定必须准确。

货物有实重货物与轻浮货物之分。凡平均每立方米重量不足33.3kg的货物为轻浮货物；否则为实重货物，公路货物运输经营者承运有标准重量的整车实重货物，一般由发货人提出重量或件数，经车站认可后承运。

货物重量应包括其包装重量在内。

3. 办理单据

发货人托运货物时，应向起运地车站办理托运手续，并填写货物托运单（或称运单）作为书面申请。

(二)组织装车

货物装车前必须对车辆进行技术检查和货运检查，以确保其运输安全和货物完好。装车时要注意码放货物，努力改进装载技术，在严格执行货物装载规定的前提下，充分利用车辆的车载重量和容积。货物装车完毕后，应严格检查货物的装载情况是否符合规定的技术条件。

(三)核算制票

发货人办理货物托运时，应按规定向车站交纳运杂费，并领取承运凭证——货票，也叫做货运单。

货票是一种财务性质的票据，是根据货物托运单填记的。在发站，它是向发货人核收运费的收费依据；在到站，它是与收货人办理货物交付的凭证之一。此外，货票也是企业统计完成货运量，核算营运收入及计算有关货运工作指标的原始凭证。

始发站在货物托运单和货票上加盖承运日期之时起即算承运，承运标志着企业对发货人托运的货物开始承担运送任务和责任。

货运单的填写请参照模块二：运输合同的订立。

二、整车货物运输的途中站务作业

货物在运送途中发生的各项货运作业，统称为途中站务工作。途中站务工作主要包括途中货物交接，货物整理或换装等内容。

(一)途中货物交接

为了保证货物运输的安全与完好，便于划清企业内部的运输责任，货物在运输途中如发生装卸、换装、保管等作业，驾驶员之间、驾驶员与站务人员之间，应认真办理交接检查手续。一般情况下，交接双方可按货车现状及货物装载状态进行交接，必要时可按货物件数和重量交接。如接收方发现有异状，由交出方编制记录备案。

(二)途中货物整理或换装

货物在运输途中如发现有装载偏重、超重、货物撒漏，或车辆技术状况不良而影响运行安全，货物装载状态有异状，加固材料折断或损坏，货车蓬布遮盖不严或捆绑不牢等情况出现，且有可能危及行车安全和货物完好时，应采取及时措施，对货物加以及时整理或换装，必要时调换车辆，同时登记备案。

为了方便货主，整车货物还可允许中途拼装或分卸作业。考虑到车辆周转的及时性，对整车拼装或分卸应加以严密组织。

三、整车货物运输的到达站站务作业

货物在到达站发生的各项货运作业统称为到达站站务工作。到达站站务工作主要包括货运票据的交接，货物卸车、保管和交付等内容。

车辆装运货物抵达卸车地点后，收货人或车站货运员应组织卸车。卸车时，对卸下货物的品名、件数、包装和货物状态等应作必要的检查。

整车货物一般直接卸在收货人仓库或货场内，并由收货人自理。收货人确认卸下货物无误并在货票上签收后，货物交付即完毕。货物在到达地向收货人办完交付手续后，才算完成该批货物的全部运输过程。

四、货物装卸

装卸是物流货物运输、仓储、流通、加工、配送作业等物流过程中的重要环节，是其间必不可少的衔接和配套工种。可以说，没有装卸作业，整个物流过程就无法实现；没有高效率、高质量的装卸，整个物流过程的效率和质量也会受到严重影响。物流货物运输经营者从整个物流过程理解和把握装卸的涵义、技术与组织方法体系，正是正确运用物流理论，科学合理地进行物流货物运输组织工作，提高运输效率和质量水平的有效途径之一。

（一）装卸作业的涵义及特点

1. 涵义

装卸作业是指在同一地域范围进行的、以改变物品的存放状态和空间位置为主要内容和目的的活动。作为为各种运输方式服务的装卸作业，是连接各种货物运输方式、进行多式联运的作业环节，也是各种运输方式运作中各类货物发生在运输的起点、中转和终点的作业活动。

2. 特点

由于社会物流的波动性，空间、时间分布的不均衡性，使货物装卸作业存在如下的特点。

（1）流通领域的货物装卸服务对象是面向全社会，因而货物装卸作业的地点是经常变换的，货物装卸的设备、设施分布很分散，使经营组织与管理具有一定的难度。

（2）货物装卸和运输、仓储、配送等紧密衔接，作业内容较为复杂。例如，在装卸过程中还需同时进行堆码、加固、计量、分拣等作业，比物料装卸有更为丰富的内容。

（3）流通领域中的装卸的对象是随机的，货物种类、形状、尺寸、重量、包装、性质等千差万别，因此，也要求装卸作业要有更强的适应性。

（4）流通领域的装卸作业由于货流的波动性、不均衡性，使得货物装卸作业常常表现出波动性、间歇性、突击性。因而，在货流的波动与不均衡的条件下，想保持装卸作业的均衡性往往是很困难的。

（二）装卸作业的基本方法

进行装卸作业组织工作时，要依据决定装卸作业方法的条件来选择相应的装卸作业方法。按作业对象特征，可以将装卸作业方法划分为三类：单件作业法、集装作业法和散装作业法。

1. 决定装卸方法的条件

决定装卸方法的条件可以分为两大类：一类是由运输（配送）、保管、装卸三者相互关系决定的外部条件；一类是由装卸本身所决定的内在条件。此外，在装卸作业组织工作中还要考虑货车装卸的一般条件。

（1）决定装卸方法的外在条件

决定装卸作业方法的外在条件主要有以下几方面：

①货物特征。货物经由包装、集装等形成的形态、重量、尺寸（如，件装、集装、散装货物）等，对装卸作业方法的选择有至关重要的影响。如托盘系列集装货物，就宜选择叉车进行装卸

等有关作业。

②作业内容。装卸作业中的重点是堆码、装车、拆垛、分拣、配载、搬运等作业，其中以哪一种作业为主或哪几种作业组合，也影响到装卸作业方法的选择。

③运输设备。不同的运输设备，例如，汽车、轮船、火车、飞机等的装载与运输能力、装运设备尺寸都影响到装卸作业方法的选择。

④运输、仓储设施。运输、仓储设施的配置情况、规模、尺寸大小影响到作业场地、作业设备，以及作业方法的选择。

(2)决定装卸方法的内在条件

由装卸作业本身所决定的装卸方法的内在条件主要有以下几方面：

①货物状态。货物状态主要指货物在装卸前后的状态。

②装卸动作。装卸动作指在货物装卸各项具体作业中的单个动作及组合。

③装卸机械。装卸机械所能实现的动作方式、能力大小、状态尺寸、使用条件、配套工具等以及与其他机械的组合也成为影响装卸方法选择的因素。

④作业组织。参加装卸作业的人员素质、工作负荷、时间要求、技能要求对装卸作业方法的选择有重要的影响作用。

(3)货车装卸一般条件

一般条件下，就公路货物运输车辆的货物装卸而言，货车装卸的固定设施主要有：货物装卸场、货物仓库、货物通道、货物装卸线等。这些形式还取决于装卸货物的对象：零担货物、整车货物还是集装箱货物。这些货物的装卸场所因其存放货物的货棚、站台(货台)高低不同，装卸设备也不同，装卸方法也有很大差异。

①零担货物装卸。较多地使用人力和手推车、台车和输送机等作业工具进行装卸。零担货物装卸也可使用笼式托盘(托盘笼)、箱式托盘(托盘箱)，以提高货车装卸、分拣及配货等作业的效率。

图4-1　手推车

图4-2　箱式托盘

②整车货物装卸。较多采用托盘系列及叉车进行装卸作业。

图4-3 内燃式叉车

③专用货车装卸。往往需要适合不同货物的固定设施、装卸设备，以满足装卸时需要的特殊技术要求。

以上所述的决定装卸作业方法的外在条件，同时也是决定其内在条件的因素。而内在条件受外在条件影响，所采取的货物状态、作业动作、装卸机械、工作环境和方式方法，成为直接决定装卸方法的因素。

2. 装卸作业方法的分类

按作业对象特征，可以将装卸作业方法划分为三类：单件作业法、集装作业法和散装作业法。

(1)单件作业法。装卸一般单件货物，通常是逐件由人力作业完成的，对于一些零散货物，诸如搬家货物等也常采用这种作业方法；长大笨重货物、不宜集装的危险货物以及行包等宜采用单件作业法。

单件作业依作业环境和工作条件可以采用人工作业法、机械化或半机械化作业法。在特定场所，有些像包裹那样的货物也可采用半自动化作业法，采用自动或半自动控制的分拣传输设备进行有关作业。

(2)集装作业法。集装作业法是将货物集装化后再进行装卸作业的方法。它包括托盘作业法、集装箱作业法、框架作业法、货捆作业法、滑板作业法、网袋作业法及挂车作业法等。

①托盘作业法。托盘作业法是用托盘系列集装工具将货物形成成组货物单元，以便于采用叉车等设备实现装卸作业机械化的装卸作业方法。一些不宜采用平托盘的散件货物可采用笼式托盘形成成组货物单元。一些批量不很大的散装货物，如粮食、食糖、啤酒等可采用专用箱式托盘形成成组货物单元，再辅之以相应的装载机械、泵压设备等的配套设施，实现托盘作业法。

图 4－4　网箱托盘

图 4－5　平托盘

②集装箱作业法。集装箱的装卸作业通常采用垂直装卸法和水平装卸法进行。有的集装箱在货物堆场也可采用能力很大的集装箱叉车装卸。

垂直装卸法在港口可采用集装箱起重机。目前以跨运车应用为最广，但龙门起重机方式最有发展前途。在车站以轨行式龙门起重机方式为主，配以叉车较为经济合理。轮胎龙门起重机方式、跨运车方式、动臂起重机方式、侧面装卸机方式也较多采用。

水平装卸法在港口是以拖车挂车和叉车为主要装卸设备。在车站主要采用叉车或平移装卸机的方式，在车辆与挂车间或车辆与平移装卸机间进行换装。

集装箱装卸作业的配套设施有：维修、清洗、动力、照明、监控、计量、信息和管理设施等。在工业发达国家集装箱堆场作业全自动化已付诸实施。

图 4－6　集装箱

③框架作业法。管件以及各种易碎建材，如玻璃产品等，一般适用于各种不同集装框架实现装卸机械化，以确保装卸质量、降低装卸过程中的损耗，提高装卸效率。框架通常采用木制或金属材料制作，要求有一定的刚度、韧性，重量较轻，以保护商品，方便装卸，有利运输作业。

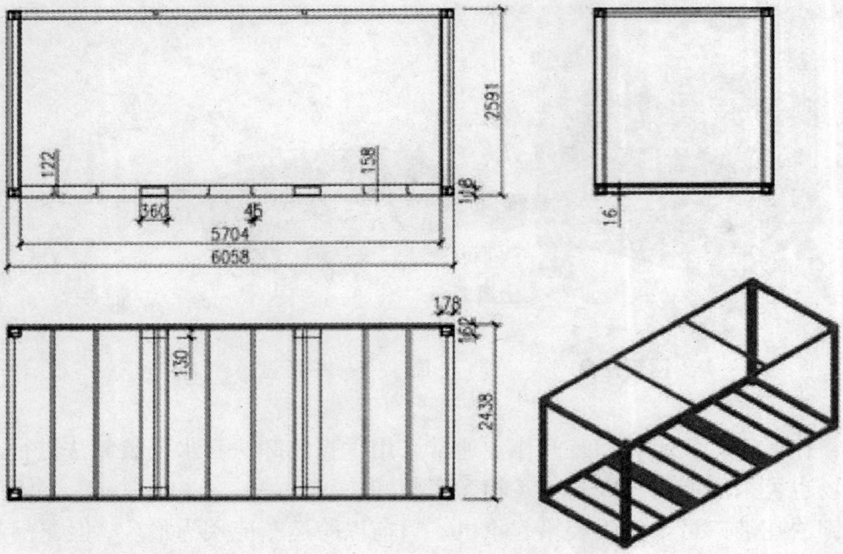

图 4－7　集装框架

④货捆作业法。货捆作业法是用捆装工具将散件货物组成一个货物单元，使其在物流过程中保持不变，从而能与其他机械设备配合，实现装卸作业机械化。木材、建材、金属之类货物最适于采用货捆作业法。带有与各种货相配套的专用吊具的门式起重机和悬壁式起重机是货捆作业法的主要装卸机械，叉车、侧叉车、跨车等是配套的搬运机械。

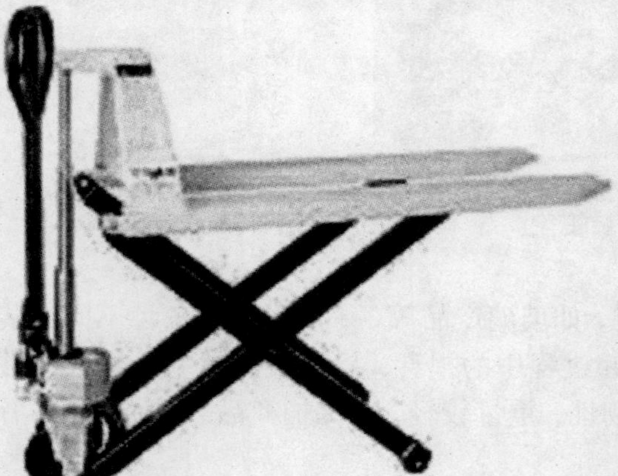

图 4－8　手动液压升降车

图 4－9　手动液压搬运车

⑤滑板作业法。滑板是用纸板、纤维板、塑料板或金属板制成，与托盘尺寸一致的，带有翼板的平板，用以承放货物组成的搬运单元。与其匹配的装卸作业机械是带推拉器的叉车。叉货时推拉器的钳口夹住滑板的翼板（又称勾百或卷边），将货物运上货叉，卸货时先对好位，

然后叉车后退，推拉器前推，货物放置就位。滑板作业法虽具有托盘作业法的优点且占用作业场地少，但带推拉器的叉车较重、机动性较差，对货物包装与规格化的要求很高，否则，不易顺利作业。

⑥网袋作业法。将粉粒状货物装入多种合成纤维和人造纤维编织成的集装袋、将各种袋装货物装入多种合成纤维或人造纤维编织成的网络、将各种块状货物装入用钢丝绳编成的网，这种先集装再进行装卸作业的方法称为网袋作业法。适宜于粉粒状货物、各种袋装货物、块状货物、粗杂物品的装卸作业。网袋集装工具体积小、自重轻，回送方便，可一次或多次使用。

图 4－10　集装袋

⑦挂车作业法。挂车作业法是先将货物装到挂车里，然后将挂车拖上或吊到铁路平板车上的装卸作业方法。通常将此作业完成后形成的运输组织方式称背负式运输，是公铁联运的常用组织方式。

(3)散装作业法。散装货物装卸方法通常可分为重力法、倾翻法、机械法。

①重力法。重力法是利用货物的位能来完成装卸作业的方法。它主要适用于铁路运输。汽车也可利用这种装卸作业法。重力法装车设备有筒仓、溜槽、隧洞等几类。重力法卸车主要指底门开车或漏斗车在高架线或卸车坑道上自动开启车门、煤或矿石依靠重力自行流出的卸车方法。

图 4－11　重力卸货

②倾翻法。倾翻法是将运载工具的载货部分倾翻因而将货物卸出的方法。它是主要用于铁路敞车和自卸汽车的卸载方法。汽车一般依靠液压机械装置顶起货厢实现卸载。

③机械法。机械法是采用各种机械，使其工作机构直接作用于货物，如通过舀、抓、铲等作业方式达到装卸目的的方法。常用的机械有胶带输送机、堆取料机、装船机、链斗装车机、单斗和多斗装载机、挖掘机及各种抓斗等。

在以上三种装卸作业法中，集装作业法和散装作业法都是随物流量增大而发展起来的，并与现代运输组织方式（如集装箱运输）、储存方式（如高层货架仓库）等相互联系，互为条件、互相促进、相互配合，加速了物流现代化进程。

图 4－12　机械卸货

（三）装卸作业的组织工作

装卸作业组织工作应尽量通过运用现代装卸技术方法，提高实际作业质量和效率。组织工作水平的高低，直接关系到装卸工作的质量和效率，对提高车辆生产率、加速车辆运转、确保物流效率都有着十分重要的作用。

1. 车辆装卸作业的时间构成

车辆因完成货物装卸作业所占用的时间，是车辆停歇时间的组成部分，称为车辆装卸作业停歇时间。它主要由以下几部分时间组成：

（1）车辆到达作业地点后，等待货物装卸作业的时间。

（2）车辆在装卸货物前后，完成调车、摘挂作业的时间。

（3）直接装卸货物的作业时间。

（4）计算运输有关的商务活动等的作业时间。

其中，车辆等待装卸作业的时间属于非生产性作业时间。它的时间长短取决于作业点的装卸能力、需要进行装卸作业的车辆数量及组织管理水平。如果装卸能力大于或等于需装卸作业车辆的工作量时，则车辆等待装卸时间一般不应当发生。只有当车辆到达很不均衡，某段时间内车辆过度集中时，才会导致某段时间内装卸能力小于所需要进行装卸车辆的工作量，从而出现车辆等待现象。装卸能力若小于需要进行装卸车辆的工作量并达到一定程度时，不仅会产生严重的车辆等待装卸现象，甚至使得装卸作业现场产生混乱和阻塞现象，使装卸作业无法进行。

车辆进行调车、摘挂作业的时间，取决于装卸场地及设施设计、布局的合理性，装卸作业线的排列与长度，车辆运行组织方式，进出口通道的完善程度等因素。对于装卸车辆数很多，涉及装卸设施、设备配备的装卸现场，可以用系统工程方法进行有关的规划与布局工作。

装卸作业时间取决于货物的特性、形态，装卸机械化程度，装卸组织工作水平等因素。高效率的现代化装卸手段和装卸组织工作，能保证货物装卸质量、装卸效率以及减少装卸成本。缩短装卸作业时间，通常也缩短了车辆装卸货物的停歇时间。现代化装卸手段的配备与运用，必须注意与货物特性、形态以及运输车辆、承载器具等相匹配协调。

办理商务作业时间的长短，取决于承托双方业务上的协作、联系以及作业的繁简程度，与整个装卸组织中的工作程序设计也有很大关系。必须办理的商务手续，可采用平行作业法，即在车辆进行装卸作业的同时进行。此外，还应尽可能采用计算机或联网的在线综合信息系统进行处理。

2. 装卸作业的基本要求

为了提高物流质量和效率，装卸作业还应当注意以下几项要求：

(1)减少不必要的装卸环节。从物流过程分析，装卸作业环节不仅不增加货物的价值和使用价值，反而有可能增加货物破损的可能性和相应的物流成本。系统地分析研究物流过程各个装卸作业环节的必塑性，取消、合并装卸作业和次数，避免进行重复的或可逆行也可不逆行的装卸作业，这是减少不必要装卸环节的重要保证。

(2)提高装卸作业的连续性。必须进行的装卸作业应按流水作业原则运作，各工序间应密切衔接。必须进行的换装作业，也应尽可能采用直接换装方式。

(3)相对集中装卸地点。装载、卸货地点的相对集中，可以提高装卸工作量，易于采用机械化作业方式。在货物堆场上，应将同类货物的作业集中在一起进行，以便于采用装卸作业的机械化、自动化作业。

(4)力求装卸设备、设施、工艺等标准化。为了促进物流各环节的协调，就要求装卸作业各工艺阶段间的工艺装备、设施、效率与组织管理工作相协调。装卸作业的工艺、装备、设施、货物单元或包装、运载工具、集装工具、信息处理作业的标准化、系列化、通用化，是装卸作业实现机械化、自动化的基本前提。

(5)提高货物集装化或散装化作业水平。成件货物集装化，粉粒状货物散装化是提高作业效率的重要措施。所以，成件货物尽可能集装成托盘系列、集装箱、货捆、货架、网袋等货物单元再进行装卸作业。各种粉粒状货物尽可能采用散装化作业，直接装入专用车、船、库。不宜散装化的粉粒状货物也可装入专用托盘箱、集装箱内，提高货物活化指数，便于采用机械设备进行装卸作业。

(6)做好装卸现场组织工作。使装卸现场的作业场地、进出口通道、作业线长度、人机配置等布局设计合理，能使现有的和潜在的装卸能力充分发挥或发掘出来。避免由于组织管理工作不当造成装卸现场拥挤、阻塞、紊乱现象，确保装卸工作能够安全顺利地进行。

3. 装卸组织工作

公路货物运输组织工作要不断谋求提高装卸效率、加速车辆周转的方法。因此，除了强化硬件手段的构成之外，在装卸工作组织方面也要予以充分重视。做好装卸组织工作，通常可采用三条途径：一是设计科学合理的装卸作业工艺；二是采用现代化的装卸机械设备；三是加强对人力、设备、工艺的组织。

(1)制定科学合理的装卸工艺方案

装卸作业是货物、设备设施、劳动力、作业方法和信息工作等因素组成的整体。装卸工艺方案应该从物流系统角度分析制定与装卸作业有关的装卸作业定额，按组织装卸工作的要求分析工艺方案的优缺点，并加以完善。

货物装卸作业采用不同的工艺方案，对于车辆装卸作业、停歇时间会有很大影响。当采用“就近装卸”方法时，车辆到达卸车作业地点后，先就地卸货、待卸完货车离去后，再将卸下货物搬运至堆存地点；或事先将待装货物搬运至装货地点，车辆到达后可直接装车。这种情况在物品存放地点与装车地点或卸车地点较远且道路条件不便于车辆通行时方可采用。这种作业方法与“作业量最小”原则相违背。在进行装卸工艺方案设计时往往必须综合考虑，尽量减少“二次搬运”和“临时停放”，便搬运次数尽可能减少，这是装卸合理性的基础。

(2)加强装卸作业调度指挥工作

加强装卸作业调度指挥工作，对合理使用装卸机具、劳动力，提高装卸质量和效率有很大的关系。装卸调度员应根据货物信息、装卸设备的性质、数量、车辆到达时间、装卸工人、装卸点的装卸能力、技术专长、体力情况等合理调配组织。在装卸量大、装卸劳动力充沛、货物条件许可的情况下，可采用集中出车、一次接送装卸工人的方法。对于作业点分散的地区，可以划分装卸作业区，通过加强装卸调度工作，以减少装卸工人的运送调遣。

(3)加强和改善装卸劳动力管理

制定各种装卸作业时间定额是加强和改善装卸劳动管理、提高装卸效率的重要手段。所谓装卸作业时间定额是指在一定装卸技术组织条件下，装卸不同品种单位重量货物所需要的作业时间。

一定装卸技术组织条件是指装卸车辆、装卸设备、装卸方法、装卸工人及技术水平、作业环境等因素。装卸作业时间定额要建立在先进合理的水平上，并要根据相关条件的变化，定期加以修订完善。

(4)加强现代通信系统应用水平

移动通信应用水平或固定通信系统应用水平对装卸作业组织工作有重要的影响。及时掌握车辆到达时间等有关信息，是减少车辆等待装卸作业时间的有效措施。应当根据有关技术条件的应用情况，建立车辆到达预报系统，根据车辆到达时间、车号、货物名称、收发单位等的报告，事先安排装卸机具和劳力，做好装卸前的准备工作，保证车到即可及时装卸。

(5)提高装卸机械化水平

要从物流系统的组织设计做起，使得车辆、装卸机具、仓库等移动设备、固定设备的设计合理，从而可以提高装卸质量、装卸效率、减少装卸成本。提高装卸机械化水平的同时，要提高现代通信水平，这是做好装卸工作组织和做好物流工作的重要技术组织基础。

(6)应用数学方法改善装卸劳动力的组织工作

采用数学方法改善装卸劳动力的组织工作也是一种有效的途径。在短途运输的循环线路上，可应用数学方法安排装卸工人，采取既定点又随机的方式来调度装卸劳动力。这个方法的原则是：当固定于某循环线路上的运行车辆数大于或等于装卸作业点数时，可根据各作业点所需装卸定员数派出，并进行定点作业，在上下班前后由车辆一次接送，而不采用随车装卸的办法；当固定于某循环线路上运行的车辆数小于装卸作业点时，可视各装卸作业点所需装卸定员数，根据由大到小(或由小到大)的顺序编号，再选择与派车数目相同(或选择派车数与作业点数差值)的编号数随车装卸。对某装卸作业点的定员人数与随车人数出现差额的情况，可再另向该装卸作业点派出与差额数相当的装卸工人定点予以补充。这种方法在循环线路较短、循环次数较多的情况下效果较为显著。

五、运费结算

货主向运输部门支付托运货物的基本费用即为运费；公路货物运输部门向货主收取运费以外的其他费用称为杂费。运费和杂费总称为运杂费。

一般情况下，运杂费核算可按如下作业程序进行：

1. 根据托运单和运输线路，确定计费里程。

2. 确定货物的货运种别，查得规定的运价（或费率）。

3. 按“价规”确定货物的计费重量。

4. 根据下列公式算出运费：

$$F = wlp$$

式中：

F——运费，单位为元；

W——计费重量，单位为 t；

l——计费里程，单位为 km；

p——运价，单位为元/（t · km）。

5. 根据具体情况确定杂费项目，并按“价规”计算杂费。

6. 累计运费与杂费，确定运杂费。

☞ 任务操作

步骤一：接受客户订单

见模块三：任务二　路运输调度安排

表 4-1　　小麻雀物流公司运输订单

客户名称:桂林娃哈哈食品有限公司　　订单号 D20150307014

取货地点:桂林市临桂西城工业区　　取货日期时间:2015 年 3 月 9 日上午 10:00

联系人:李小萌　　联系电话:0773-3255432

收货单位:南宁市金太阳食品商贸公司　　收货地址:南宁市明秀东路 18 号

联系人:陈 新　　联系电话:0771-3767654

商品名称	数量	单位	重量(吨)	体积
娃哈哈纯净水	550	箱	5	
娃哈哈营养快线(菠萝味)	450	箱	3	
娃哈哈 AD 钙奶	600	箱	2	
合计			10	

步骤二:进行车辆调度

见模块三：任务二 公路运输调度安排

表 4-2　　小麻雀物流公司车辆调度安排表

日期:　　单号:20150307005

起始站	目的站	是否取货	是否送货
桂林	南宁	是	是
取货时间	2015 年 03 月 08 日 10:00	到货时间	2015 年 3 月 8 日下午 17:00
司机	刘宇浩	车号	桂 C26546
出发时间		返回时间	
行驶里程		调度员	魏小刚

表 4-3　　小麻雀物流公司货运单

运单号 NO:2694311

起运站:桂林　　终点站:南宁　　2015 年 3 月 9 日

托运人	李小萌	单位	位桂林娃哈哈食品有限公司 桂林市临桂西城工业区				电话	0773-3255432		
收货人	陈新	单位	南宁市金太阳食品商贸公司 南宁市明秀东路 18 号				电话	0771-3767654		
货物名称	件数	包装	重量 KG	体积 m^3	货物价值（元）	保险费（元）	运费（元）	送货费（元）	合计（元）	不参加保险签字
娃哈哈纯净水	550	纸箱	5 吨		10000	30	600	100	730	
娃哈哈营养快线(菠萝味)	450	纸箱	3 吨		32400	97.2	360	60	517.2	
娃哈哈 AD 钙奶	600	纸箱	2 吨		14400	43.2	240	40	323.2	
总金额(人民币)	×万 壹 仟 伍 佰 柒 拾 零 元 肆 角 分						小写	¥1570.40		
付款方式:月结			提货方式:送货			发货人签字:李小萌		公司签单:		

承运条款:

1. 承运方承运货物时按件接收，保障货物外包装完好无损，不负责内装货物是否完好，提货方提货时当面验收货物，事后货物缺损，承运方概不负责;

2. 托运方必须按货物实价保险，如遇货损、丢失，属本公司责任范围内的，按投保有关规定赔偿。未保价的，承运方最多不超过托运费的 3 倍赔偿;

3. 货物外包装应符合运输标准，严禁夹带危险品、禁运物品，否则一切损失由托运人负责。

步骤三：上门取货

2015 年 3 月 9 日上午 9:30，魏小刚通知李小萌，公司所派司机刘宇浩已经出发，预计 20 分钟后到达，请做好装车准备。刘宇浩随身携带托运单、车辆调度安排表等从公司出发到桂林娃哈哈食品有限公司取货。上午 9:50 刘宇浩驱车到达桂林娃哈哈食品有限公司，与李小萌接洽。

步骤四:货物监装作业

2015 年 3 月 9 日上午 10:00，司机刘浩宇会同李小萌，根据出货清单，对货物包装、数量、重量等进行清点和核实。核实无误后，进行装车作业。

在装车作业过程中，刘浩宇发现有两件娃哈哈营养快线(菠萝味)的外包装纸箱破损，要求桂林娃哈哈食品有限公司更换外包装或是在托运单上做批注。

李小萌觉得外包装的破损不影响运输和销售，于是在托运单上进行了批注，并签字确认。

整个装车过程约耗时 1 小时，11:00 装车完毕，刘宇浩通过电话告诉魏小刚装车完毕，准备出发。

表 4-4　　小麻雀物流公司货运单

运单号 NO:2694311

起运站:桂林　　终点站:南宁　　2015 年 3 月 9 日

<table>
<tr><td>托运人</td><td>李小萌</td><td>单位</td><td colspan="5">位桂林娃哈哈食品有限公司
桂林市临桂西城工业区</td><td>电话</td><td colspan="2">0773-3255432</td></tr>
<tr><td>收货人</td><td>陈新</td><td>单位</td><td colspan="5">南宁市金太阳食品商贸公司
南宁市明秀东路 18 号</td><td>电话</td><td colspan="2">0771-3767654</td></tr>
<tr><td>货物名称</td><td>件数</td><td>包装</td><td>重量 KG</td><td>体积 m³</td><td>货物价值(元)</td><td>保险费(元)</td><td>运费(元)</td><td>送货费(元)</td><td>合计(元)</td><td>不参加保险签字</td></tr>
<tr><td>娃哈哈纯净水</td><td>550</td><td>纸箱</td><td>5 吨</td><td></td><td>10000</td><td>30</td><td>600</td><td>100</td><td>730</td><td></td></tr>
<tr><td>娃哈哈营养快线(菠萝味)</td><td>450</td><td>纸箱</td><td>3 吨</td><td></td><td>32400</td><td>97.2</td><td>360</td><td>60</td><td>517.2</td><td></td></tr>
<tr><td>娃哈哈 AD 钙奶</td><td>600</td><td>纸箱</td><td>2 吨</td><td></td><td>14400</td><td>43.2</td><td>240</td><td>40</td><td>323.2</td><td></td></tr>
<tr><td>总金额(人民币)</td><td colspan="7">×万壹仟伍佰柒拾零元肆角分</td><td>小写</td><td colspan="2">￥1570.40</td></tr>
<tr><td colspan="3">付款方式:月结</td><td colspan="3">提货方式:送货</td><td colspan="3">发货人签字:李小萌</td><td colspan="2">公司签单:</td></tr>
<tr><td colspan="11">承运条款:
1. 承运方承运货物时按件接收，保障货物外包装完好无损，不负责内装货物是否完好，提货方提货时当面验收货物，事后货物缺损，承运方概不负责。
2. 托运方必须按货物实价保险，如遇货损、丢失，属本公司责任范围内的，按投保有关规定赔偿。未保价的，承运方最多不超过托运费的 3 倍赔偿。
3. 货物外包装应符合运输标准，严禁夹带危险品、禁运物品，否则一切损失由托运人负责。</td></tr>
</table>

注：两件娃哈哈营养快线(菠萝味)外包装破损，李小萌

步骤五:途中站务作业

刘浩宇开车从桂林上高速公路开往南宁，途中在柳州新兴服务区南宁王灵服务区休息15分钟。在休息期间，刘浩宇检查货车蓬布遮盖和捆绑等情况，确保车辆及货物处于安全状态，并给魏小刚打电话，报告自己的在途情况。

步骤六:到达站站务作业

15:30刘浩宇开车到达南宁，从南宁玉洞处下高速公路，便打电话通知南宁市金天阳食品商贸公司陈新，自己在40分钟左右能够抵达，让他做好卸车准备。另外，他还打电话告知魏小刚，自己已经抵达南宁，正在去送货的路上。

16:05，刘浩宇开车抵达南宁市金太阳食品商贸公司，并与陈新接洽。

16:10，开始卸车作业。在卸车过程中，陈新核对货品名称、数量。1小时后，卸车工作完成。陈新核对无误，在托运单和桂林娃哈哈食品有限公司的出库单上签收。由于该票货物结算方式为月结，所以刘浩宇将桂林娃哈哈食品有限公司的出库单(收货人联)交给陈新，然后携带托运单、出库单(承运人联)等单据，返回××物流公司南宁分公司。

步骤七:返回交单

2015年3月9日上午11:30，刘浩宇返回公司，将运单、出库单交回给魏小刚。魏小刚将出库单归档，下次有车到桂林娃哈哈食品有限公司时随车送到。运单交财务处，月底财务将凭单与桂林娃哈哈食品有限公司结算。

☞ 任务评分

班级			姓名		小组		
任务名称		整车货物运输作业					
考核内容		评价标准	参考分值(100)	学生自评	小组互评	教师评价	考核得分
职业素养情况	1	具有良好的沟通能力	5				
	2	具有信息搜集能力	5				
	3	在任务实施过程中具有较强的总结能力	10				
知识掌握情况	4	掌握整车货物运输的发送站务工作	10				
	5	掌握整车货物运输的途中站务工作	5				
	6	掌握整车货物运输的到达站务工作	10				
	7	了解整车货物装卸的形式	5				

续表

能力提升情况	8	能够根据情况,选择合适的运输方式	10				
	9	能够针对不合理运输形式,提出改进意见	10				
	10	能够主动搜集所需信息,进行自主学习	10				
参与活动情况	11	积极参与任务实施	5				
	12	积极参与小组讨论	5				
	13	积极回答老师提问	10				
小计							
合计 = 自评 * 20% + 互评 * 40% + 教师评 * 40%							

操作习题作业

☞ 模拟案例

2015 年 3 月 10 日上午 9:30，接到南宁可口可乐公司运输订单，要求 3 月 11 日下午 17:00 前送达桂林市浩达贸易公司指定收货地点。具体情况如下：

表 4－5　　小麻雀物流公司运输订单

客户名称:南宁可口可乐饮料有限公司　　订单号 D20150308015

取货地点:南宁市高新技术开发区　　取货日期时间:2015 年 03 月 09 日 9:00

联 系 人:韦丽英　　联系电话:0771－3515432

收货单位:桂林市浩达贸易公司　　收货地址:桂林市××路××号

联 系 人:鲁希　　联系电话:0773－2697654

商品名称	数量	单位	重量(吨)	体积
可口可乐 2.5 升装	460	箱	6	
可口可乐 500 毫升装	650	箱	7	
可口可乐 300 毫升装	500	箱	5	
合计			18	

请按照案例要求，做模拟准备，完成整车货物运输作业练习。

☞ 知识考核

一、单选题

1. 整车货物运输的站务工作可分(　　)阶段。

A. 一个　　B. 两个　　C. 三个　　D. 四个

2. 道路货物运单一般一式四联，第(　　)联是存根，承运人存留。

A. 一　B. 二　C. 三　D. 四

3. 道路货物运单一般一式四联，第(　　)联交托运人。

A. 一　B. 二　C. 三　D. 四

二、多选题

1. 整车货物运输的站务工作可分为(　　)三个阶段。

A. 发送　B. 途中　C. 到达　D. 结算

2. 做好装卸组织工作，通常可采用三条途径(　　)。

A. 设计科学合理的装卸作业工艺

B. 采用现代化的装卸机械

C. 加强对人力、设备、工艺的组织

D. 改善流程

3. 散装货物装卸方法通常可分为(　　)。

A. 重力法　B. 倾翻法　C. 机械法　D. 分离法

三、判断题

1. 整车货物运输过程（简称货运过程）是指货物从受理托运开始，到交付收货人为止的生产活动。(　　)

2. 整车货物运输的站务作业可分为发送、途中和到达三个阶段。(　　)

3. 装卸作业组织工作应尽量通过运用装卸技术方法，提高实际作业质量和效率。(　　)

模块五 5
公路零担货物运输实务

▶学习要点

1. 能说出零担运输的相关术语；
2. 能熟知零担运输的相关内容；
3. 能熟知零担运输的相关规定、法则；
4. 能填写零担运输的运单；
5. 能运用零担运输的流程规范操作装载、中转、调车、运费结算等工作。

▶案例导入

2015 年 4 月 10 日下午 16:00，贺成听取了魏小刚在整车运输业务的工作汇报，知道魏小刚已经能够独立进行整车货运业务的操作了，贺成对他的表现非常满意，希望他再接再厉，保持这样勤奋进取的精神继续接下来的实习，然后告诉魏小刚，下周他要到零担货运部进行学习。这对魏小刚来说是新的挑战又是新的开始。

任务一　认知零担货物运输

☞ 任务目的

1. 了解零担运输的概念和特点；
2. 掌握零担货物运输生产过程构成；
3. 了解零担货物运输生产过程组织的原则。

☞ 任务内容

2015 年 4 月 13 日上午 8:00，魏小刚来到零担运输业务部门，根据自己对整车运输流程的理解和认识，他对接下来的零担运输业务胸有成竹，魏小刚参考之前的整车运输的学习方式来进行学习，心里也在犯嘀咕，究竟零担运输和整车运输有什么异同呢？

☞ 任务准备

计算机、互联网。

☞ 任务分工

岗位	岗位职责	主要内容	技能要求与基本素质	对应人员
岗前了解	无	了解零担运输的概念和特点	了解零担运输的概念和特点	魏小刚
岗前了解	无	掌握零担货物运输生产过程构成	掌握零担货物运输生产过程构成	魏小刚
岗前了解	无	了解零担货物运输生产过程组织的原则	了解零担货物运输生产过程组织的原则	魏小刚

☞ 任务资讯

我国一些发达地区的公路零担货运市场的公路货运交易已占到整个公路货物运输量的70%以上，零担货运市场在公路物流运输中的地位已不可替代。除了小部分特种货物（危险货物、鲜活货物、大型物件等）运输不在货运市场内交易以外，普通货物大部分的零担和整车运输的交易是以货运市场为主的，而零担运输又是公路货运市场的主要运营形式。因此，公路零担运输的运营操作模式也基本上代表了我国公路货物运输的运营操作模式。

随着国民经济的发展和人民物质文化生活水平的提高，特别是现代物流理念和技术的飞速发展，货物的流动无论从时间还是空间上都发生了根本的变化。当前，零星用户、零星货物、零星整车的"三零"货物急剧增加，使得零担运输正呈现日益繁荣的景象，普通零担货物运输作为货物运输的重要形式之一，越发显现出它的重要性。

首先，汽车零担货运非常适合商品流通中品种繁杂、量小批多、价高贵重、时间紧迫、到达站点分散等特殊要求，补充了整车运输的不足。同时，零担运输还可以有力地配合客运工作，承担行李、包裹的运输，及时解决积压待运的行包，便利了旅客的出行。

其次，汽车零担货运机动灵活，可以面向社会各个角落，而且批量不限，可以多至几吨，少到几公斤，又可就地托运，手续简便，运送快速；可以缩短货物的送达时间，有利于加速资金周转。这对于急需的零星货物运输尤为重要。

最后，随着我国社会主义市场经济的发展，国民经济呈现持续、健康发展格局，市场日益繁荣兴旺，生产资料中的成品、半成品和消费资料中的中、高档商品越来越多地进入流通领域，使零星货物的运量出现猛增的局面。在新形势下，发展汽车零担运输，对于促进市场经济发展，满足日益增长的运输需要，具有极为重要的意义。

☞ 任务操作

步骤一：零担货物运输的概念和特点

一、零担货物运输的概念

1. 零担货物运输

当一批货物的重量或容积不满一辆货车时，可与其他几批甚至数十、数百批货物共用一辆货车装运时，叫零担货物运输。零担托运规定：为便于配装和保管，每批零担货物不得超过 300 件，每一件零担货物的体积最小不得小于 0.02 立方米（一件重量在 10 千克以上的除外）。在实际的公路货物零担运输中，对零担概念的界定要视托运人与承运人之间的合作关系而定。如果托运人与承运人签订了长期的契约（合同），那么托运人可以与承运人双方来界定零担的标准，比如货物在 1 立方米以下为零担或 1 吨以下为零担。但实际操作中的零担并没有统一的标准。

2. 快件货物运输

应托运人的要求，在规定的距离和时间内将货物运达目的地且采取即托即运的方式，为快件货物运输。

3. 出租车货物运输

是指采用装有出租营业标志的小型货运汽车或面包车，供货主临时雇用，并按时间、里程和规定费率收取运输费用。一般用于零担的同城提货、派送或省内短途运输。

二、零担货物运输的特点

零担货物运输是汽车货物运输中相对独立的一个部分，相对于其他汽车运输，零担货物运输有其独有的特点。

1. 零担货物运输的优点

（1）安全。零担货物运输作业有比较严格、细致的货物交接规程，减少了货损货差，如行李、包裹的运输。零担货物运输一般都使用厢式货车，运行时厢门封闭，能够有效地防止货物失落、损失．减少货损事故的发生。

（2）方便。零担货物托运，随交随收，手续简便。对需要经由几个运输单位中转的货物，可以一次托运、一次交费、一票到底、全程负责，并能做到上门取货、送货到家；有些公路运输企业还为货主提供提货、报关、加固包装等服务，货主只要将提货单交付承运人就可以在家等待收货，省去不少麻烦，得到许多方便。

(3)迅速,及时。在许多情况下,公路零担货物运输运送速度比铁路、水路等运输方式快捷。

(4)车辆运用效率高。零担货物运输车辆,一般都有较高的行程利用率(往返有载),吨位利用率也较高。这都有利于提高车辆生产率和运输经济效益。

2. 零担货物运输的缺点

(1)货源的不确定性和来源的广泛性。零担货物运输的货物流量、货物流向具有一定的不确定性,并且多为随机发生,难以通过运输合同方式将其纳入计划管理范围。货物的来源涉及社会的方方面面,计划性较差。

为发展零担货运业务,物流运输部门应加强对零担货物流量、流向的经常性调查,注意信息的反馈和分析,结合参考以往的统计资料,积极妥善地开展零担货运服务。

(2)货运组织工作比较复杂。零担货物运输货物来源、货物种类繁杂,且绝大多数是由零担货物运输作业的主要执行者——货运站完成零担货物质量的确认,负责保管和组织装卸,劳动组织工作比整车复杂。这样就使得零担货物运输货运环节多,作业工序细致,设备条件繁杂,对货物配载和装载要求较高。这一切对零担货运业务组织工作提出了更高的要求。

(3)单位运输成本比较高。为了适应零担货物运输的需求,货运站要配备一定的仓库、货棚、站台,以及相应的装卸、搬运、堆置的机具和专用厢式车辆。此外,相对于整车货物运输而言,零担货物周转环节多,更易于出现货损、货差,赔偿费用较高,因此,导致了零担货物运输成本较高。

步骤二:开办零担货运的条件

依据我国《道路货物运输及站场管理规定》的有关条款,申请从事道路货物零担运输经营的,应当具备下列条件(公路货运零担也就是道路货运零担):

一、应具备的条件

(一)有与其经营业务相适应并经检测合格的运输车辆

1. 车辆技术要求

(1)车辆技术性能应当符合国家标准《运营车辆综合性能要求和检验方法》(GB 18565)的要求。

(2)车辆外廓尺寸、轴荷和载重量应当符合国家标准《道路车辆外廓尺寸、轴荷及质量限值》(GB 1589)的要求。

2. 车辆其他要求

(1)从事大型物件运输经营的,应当具有与所运输大型物件相适应的超重型车组。

(2)从事冷藏保鲜、罐式容器等专用运输的,应当具有与运输货物相适应的专用容器、设备、设施,并固定在专用车辆上。

(3)从事集装箱运输的,车辆还应当有固定集装箱的转锁装置。

(二)有符合规定条件的驾驶人员

(1)取得与驾驶车辆相应的机动车驾驶证。

(2)年龄不超过60周岁。

(3)经设区的市级道路运输管理机构对有关道路货物运输法规、机动车维修和货物及装载保管基本知识考试合格,并取得从业资格证。

（三）有健全的安全生产管理制度

包括安全生产责任制度、安全生产业务操作规程、安全生产监督检查制度、驾驶员和车辆安全生产管理制度等。

二、申请

申请从事道路货物运输经营的，应当向县级道路运输管理机构（不含设区的市所属区运输管理机构，下同）提出申请，并提供以下材料：

1.《道路货物运输经营申请表》。

2. 负责人身份证明，经办人的身份证明和委托书。

3. 机动车辆行驶证、车辆检测合格证明复印件；拟购置运输车辆的承诺书，承诺书应当包括车辆数量、类型、技术性能、购置时间等内容。

4. 聘用或拟聘用驾驶员的机动车驾驶证、从业资格证及其复印件。

5. 安全生产管理制度文本。

6. 法律、法规规定的其他材料。

目前，我国各地货运市场大多数货运零担经营者并没有取得正规的道路货运经营许可证，许多零担经营者大都挂靠货运市场或其他物流公司。依据《道路货物运输企业经营资质管理办法（试行）》（见附件）的规定，大多数的货运零担经营者都属于个体货运经营业户，只能从事公路普通货物运输。

三、公路零担货运的相关方

1. 托运人

（1）是指与承运人订立货物运输合同的单位和个人，道路货物运单上填写的托货人。

（2）货主：企事业单位或个人。

（3）货主的代理人：物流公司和其他货代。

2. 承运人

是指使用汽车从事货物运输并与托运人订立货物运输合同的经营者。在此特指零担经营者。

3. 收货人

是指货物运输合同中托运人指定提取货物的单位和个人。道路货物运单上填写的收货人。

四、货运市场零担运输的货物及分类

在公路货运市场内，零担经营者承运的货物绝大部分是普通货物，一般有两种分法。

1. 按每批货物数量的多少划分

一般分为整车货物和零担货物。

2. 按货物的密度划分

将货物分为轻泡货、重货、重泡货等。

（1）轻泡货：密度在 1 吨 >3 立方米；

（2）重货：密度在 1 吨 <2 立方米；

（3）重泡货：密度在 2.5 立方米 <1 吨 <3.5 立方米。

五、道路货物运单

见模块二：任务一 运输合同的订立

☞ 任务评分

班级			姓名		小组		
任务名称		认知零担货物运输					
考核内容		评价标准	参考分值(100)	学生自评	小组互评	教师评价	考核得分
职业素养情况	1	具有良好的沟通能力	5				
	2	具有信息搜集能力	5				
	3	在任务实施过程中具有较强的总结能力	10				
知识掌握情况	4	掌握零担运输的功能和作用	10				
	5	了解开办零担运输的条件	5				
	6	熟悉零担运输与物流各环节之间的关系	10				
	7	了解我国零担运输业现状	5				
能力提升情况	8	能够对零担运输有清晰的认识	10				
	9	能够对了解零担运输的运单有清晰的认识	10				
	10	能够主动搜集所需信息，进行自主学习	10				
参与活动情况	11	积极参与任务实施	5				
	12	积极参与小组讨论	5				
	13	积极回答老师提问	10				
小计							
合计 = 自评 * 20% + 互评 * 40% + 教师评 * 40%							

☞知识考核

一、单选题

1. 当一批货物的重量或容积不满一辆货车时，可与其他几批甚至数十、数百批货物共用一辆货车装运时，叫(　　)。

A. 配送　　B. 运输　　C. 零担运输　　D. 整车运输

2. 是指采用装有出租营业标志的小型货运汽车或面包车，供货主临时雇用，并按时间、里程和规定费率收取运输费用叫做(　　)。

A. 快件运输　　B. 出租车货物运输　　C. 零担运输　　D. 整车运输

3. (　　)是指货物运输合同中托运人指定提取货物的单位和个人。

A. 收件人　　B. 承运人　　C. 发货人　　D. 提货人

二、多选题

1. 按货物的密度分，将货物分为(　　)等。

A. 轻泡货　　B. 泡货　　C. 重货　　D. 重泡货

2. 公路零担货运的相关方有(　　)。

A. 托运人　　B. 承运人　　C. 收货人　　D. 仲裁人

3. 零担货物运输的优点有(　　)。

A. 安全　　B. 方便　　C. 迅速及时　　D. 车辆运用效率高

三、判断题

1. 当一批货物的重量或容积不满一辆货车时，可与其他几批甚至数十、数百批货物共用一辆货车装运时，叫零担货物运输。(　　)

2. 轻泡货是指密度在 1 吨 >3 立方米。(　　)

3. 零担货运所使用的道路货物运单有统一的格式。(　　)

任务二　零担货物运输作业

☞任务目的

1. 掌握零担货物运输的发送站务工作；
2. 掌握零担货物运输的途中站务工作；
3. 掌握零担货物运输的到达站务工作；
4. 了解零担货物装卸的形式。

☞任务内容

2015 年 4 月 20 日上午 9:00，魏小刚向贺成汇报了零担运输和整车运输的异同，以及这一周学习零担运输的情况。贺成肯定了魏小刚的学习成果，告诉魏小刚：“零担运输和整车运输所用的单证和流程大同小异，只要在整车运输的基础上进行一些流程的改变，就变成零担运输了，我相信，你完全能够胜任零担货物运输的工作。今天你就尝试着进行一下零担运输吧。”魏小刚听了很开心，觉得自己又可以学到新东西了。

☞任务准备

计算机、互联网、货运单

☞任务分工

岗位	岗位职责	主要内容	技能要求与基本素质	对应人员
操作主管	独立完成零担货物运输作业流程。	掌握零担货物运输作业流程。	能够根据实际情况进行车辆调度； 合理安排司机、车辆进行提货、运输、送货等工作； 具有较强的协调能力、沟通能力。	魏小刚
司机	将货物准确、安全、及时完成运输任务。	按照《货运单》到托运人处取货； 配合托运人、收货人进行货物装车、卸车作业； 送交收货人后，按照要求签单交回； 及时填写《货物交接单》； 收到运费应及时交给财务人员。	迅速、准确、高效的完成装车、卸车工作； 安全、准时、准确将货品送交收货人； 运输及时、零投诉； 有责任心。	刘宇浩、黄江
客服人员	接收客户订单； 在途跟踪车辆情况； 负责信息的报送，确保信息的准确性、及时性。	接收客户运输订单，并审核； 将客户运输订单情况准确、及时传达给操作主管； 按照公司规定进行在途跟踪，并将情况填写在《跟踪记录》上。	理解客户运输订单的含义与重点、能够独立完成表单的制作； 具有较强的沟通能力，熟悉办公软件的应用。	王丽

☞任务资讯

一、零担货物运输作业流程

以深圳某专线运输公司操作流程为例。专线零担运输，就是专线对多个托运人的零担货物，按大致同一流向配载到一个整车上，车到目的地后再由目的地的货运市场进行零担中转的运输过程（见图 5－1）。

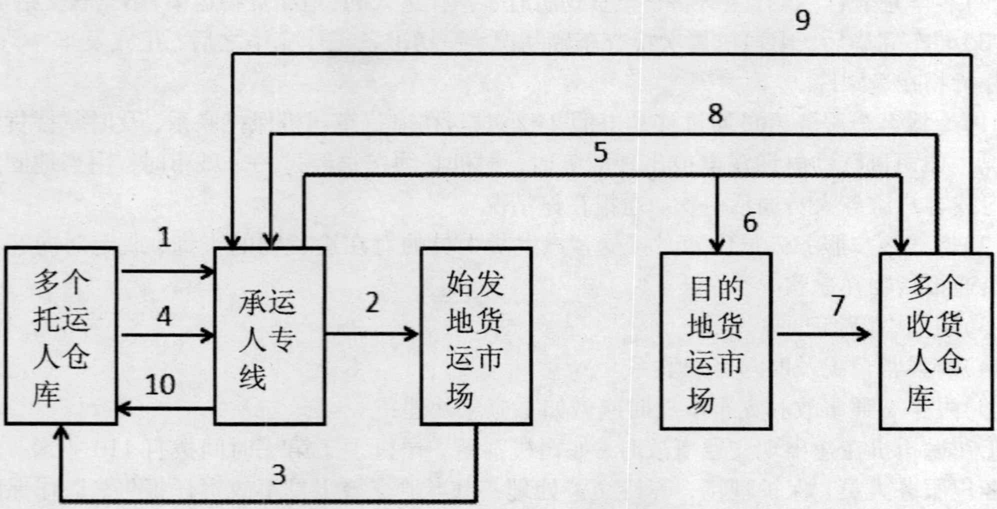

图 5－1　零担货运作业流程

注:图中 1－10 数字为作业流程的顺序号

1. 接单

专线客户服务人员负责接收托运人发货通知(托运人的发货传真、电话等指令)。

2. 调车

客户服务人员通知专线操作主管，操作主管调专线自有车辆，或从货运市场及周边的停车场调车(自有车辆不够用时，调用社会车辆)。

3. 提货装车

(1)操作主管安排操作员及装卸工与车辆到托运人仓库提货装车。

(2)提货车辆到达托运人仓库时，操作员按托运人的《出货单》(或《发货清单》)与装车要求指挥装卸工装车。

(3)在装车过程中，操作员与司机现场认真清点装车的实际数量(件数与收货人地址)，然后与托运人《出货单》核对，由操作员、司机与托运人的发货人在《出货单》上签字确认。《出货单》一般一式四联，分托运人仓库联、托运人财务联、承运方联、收货人联。

(4)装车完毕后，操作员填写《道路货物运单》，要对方签字确认。专线《道路货物运单》(一式四联，第一联承运人存根，第二联托运人，第三联随车同行，第四联交财务结账)，第二联交托运人仓库。

(5)操作员将托运人《出货单》承运方联和《道路货物运单》第一联交专线客户服务人员。由客户服务人员将此票客户信息录入电脑(无电脑者，原始凭证存档)，建立收货人档案。《道路货物运单》第三联交操作主管做配载计划依据，第四联交财务人员，以备与托运人对账和结算。

4. 配货(配载)

(1)操作主管将多家托运人的零担货物按其《道路货物运单》做出《配载装车计划》，然后指挥装车工进行装车。

(2)装车完毕后，操作主管将整车货物所有零担托运人的《道路货物运单》第三联交给司机。

(3)装车完毕后，由司机再次检查车辆状况，一切准备工作完毕之后，正式发车。

5. 货物在途跟踪

(1)专线客户服务人员通过移动电活 24 小时与在途货车司机保持联系，及时掌握货物在途情况。如司机移动电话没电或出现故障时，司机必须在每经过一个城市时，用当地固定电话与专线客户服务人员通话一次，通报在途情况。

(2)专线客户服务人员应随时接受客户发货人员的对在途货物的查询，或定时向客户发货人员通报货物在途状况。

(3)填写《跟踪记录》。

(4)有异常情况及时与客户联系。

(5)发生交通事故和灾害事故时应做如下应急处理：

①在途司机在途出现交通事故时，如司机清醒，司机须于第一时间拨打 110 报警，然后通知客户服务人员，保护现场，等待交警处理，由当地交警出具事故责任报告，以作保险理赔依据。客户服务人员须及时向托运人和收货人通报事故情况。

②如事故发生时，司机受伤、死亡或处于不清醒的状态，客户服务人员应在与司机连续中断数小时(公司规定的定期联系限间)联系后，向专线公司负责人汇报，以汽车的时速来判定司机所在的大致方位，通知公司离其最近的网点人员前去联系。

③无论出现何种事故，事故发生后，专线公司须向托运人和收货人做出事故处理结果的报告。

6. 中转

(1)当整车零担货物抵达目的地后，由于长途货车车身比较长，一些商业地段无法通行到达；一些偏僻地点或每票货量特别小的货，用长途货车来派送费用就相当高。因此，长途货车司机就会将部分零担货卸到附近的货运市场，由本专线的省内专线(或其他省内专线，本公司没有省内网点或本公司省内专线覆盖不到)来中转。

(2)货车抵达目的地货运市场，司机按所派送的地点来选择省内专线。卸货后，省内专线按派送地点和数量再开《道路货物运单》第二联给司机(司机此时又成了托运人)。与此同时，司机应将中转的省内专线和中转司机的电话通知本专线的客户服务人员。长途货车可以到达的地点，司机继续行驶。

(3)中转专线配货，装车完毕后由中转司机(短途货车司机)发车。

7. 中转司机货物在途跟踪

内容同以上第 5 项相同，只不过司机是中转司机。

8. 长途货车司机卸货

(1)长途车辆即将抵达收货人处时，司机应提前与收货人联系，由双方约定具体的到达和卸货时间。

(2)车辆抵达收货人处时，按专线与托运约定的方式卸货，司机现场负责与收货人清点卸货数量。卸货完毕后，司机应要求收货人在《道路货物运单》第三联收货人确认栏盖章或签字予以确认，之后，司机应将收货人确认后的《道路货物运单》第三联邮寄给承运人或下次返程时带回。

(3)如因种种理由，收货人拒绝在《道路货物运单》上盖章或签字确认时，司机应随时与客户服务人员联系，由客户服务人员与相关各方联系，并告诉司机最终的解决办法。

9. 中转货车司机卸货

(1)当中转车辆即将抵达收货人处时，中转司机应提前与收货人联系，由双方约定具体的到达和卸货时间。

(2)车辆抵达收货人处时，按专线与托运约定的方式卸货，中转司机现场负责与收货人清点卸货数量。卸货完毕后，中转司机应要求收货人在《道路货物运单》第三联收货人确认栏盖章或签字予以确认，之后，司机应将收货人确认后的《道路货物运单》第三联邮寄给承运人。

(3)如因种种理由，收货人拒绝在《道路货物运单》上盖章或签字确认时，中转司机应随时与客户服务人员联系，由客户服务人员与相关各方联系，并告诉司机最终的解决办法。

10. 运费结算

(1)由客户服务人员将收货人签收的《道路货物运单》进行整理。由财务统计所有费用。

(2)财务人员开具发票并与客户对账，向客户收取运费。

(3)结算方式分以下两种情况：

①合同客户：按与托运人签订合同中结算条款所规定的结算时间与结算方式与托运人结算。

②月结：一般是 1 ~ 3 个月，并约定结算月份的某某日结。

二、公路车辆装载规定

依据《中华人民共和国道路交通管理条例》的规定，机动车辆载物，必须遵守下列规定：

(1)不准超过行驶证上核定的载重量。

(2)装载须均衡平稳，捆扎牢固。装载容易散落、飞扬、流漏的物品，须封盖严密。

(3)大型货运汽车载物，高度从地面起不准超过 4 米，宽度不准超出车厢，长度前端不准超出车身，后端不准超出车厢 2 米，超出部分不准触地。

(4)大型货运汽车挂车和大型拖拉机挂车载物，高度从地面起不准超过 3 米，宽度不准超出车厢，长度前端不准超出车厢，后端不准超出车厢 1 米。

(5)载重量在 1000 千克以上的小型货运汽车载物，高度从地面起不准超过 2.5 米，宽度不准超出车厢，长度前端不准超出车身，后端不准超出车厢 1 米。

(6)载重量不满 1000 千克的小型货运汽车、小型拖拉机挂车、后三轮摩托车载物，高度从地面起不准超过 2 米，宽度不准超出车厢，长度前端不准超出车厢，后端不准超出车厢 50 厘米。

(7)二轮摩托车、轻便摩托车载物，高度从地面起不准超过 1.5 米，宽度左右各不准超出车把 15 厘米，长度不准超出车身 20 厘米。

(8)载物长度未超出车厢后栏板时，不准将栏板平放或放下；超出时，货物栏板不准遮挡号牌、转向灯、制动灯、尾灯。

三、车辆配载

对于无论哪种运输工具来说，其载货量是一定的，不是无限的，其载重量、可用容积都是有限值的。因此，对一个有限的运输工具如何装载，使其能够最大限度达到其限定的载重量，同时又能充分利用其体积容量，是物流活动中既能提高运输工具的利用率同时又能提高经济效益的一个关键的环节。

1. 配载的定义

承运人将发往同一个客户或者同一个地方的货物分拣在一起，按货物的轻重、大小及性质合理地装到一个车辆上的过程就是配载。

2. 配载的重要性

在物流行业，一般按货物的密度将货物分为轻泡货、重货、重泡货等。密度在 1 吨 >3 立方米的，我们称之为轻泡货；密度在 1 吨 <2 立方米的为重货；密度在 2.5 立方米 <1 吨 <3.5 立方米的一般称之为重泡货。在公路零担货物运输运作环节中有一个最重要的环节，那就是配载（配货）。配载控制好了不仅能够提高运输车辆的利用率和降低成本，而且能够创造利润，成为公路物流运输生产活动中的一个利润源。

3. 配载的要领

由于公路专线货物运输车辆的装卸大都是以人力为主，车辆的配载大都是凭专线操作人员的经验来完成的，因此，专线操作人员更需熟练掌握车辆配货的要领与技巧。

（1）根据运输工具的内径尺寸，计算出其最大容积量。

（2）测量所载货物的尺寸重量，结合运输工具的尺寸，初步算出装载轻重货物的比例。

（3）装车时注意货物摆放顺序、堆码时的方向，是横摆还是竖放，要最大限度地利用车厢的空间。

（4）配载时不仅要考虑最大限度地利用车载量，还要具体情况具体分析，根据货物的价值来进行价值的搭配。

4. 配载的原则

轻重搭配是最简单的配载原则，对运输企业来说，更应以单位运输工具能获取最大利润化为最高原则。

（1）重不压轻。一般情况下重货铺底，重货不能压轻货。重货铺底，以充分利用运输工具的载重量，轻泡货搭配以充分利用其可用空间（体积）。最后的结果是，轻重货的总重量加起来接近于限定载重量的最大值，轻重货的总体积加起来尽量接近限定体积数的最大值。

（2）大不压小。大件货物不能压小件货物。

（3）不偏重。注意运输工具的承重位置，不能偏重，或者重心偏向。

（4）重点防护。对价值高的货物的装载位置，应采取一些特别措施加以保护。怕压、易碎、易变形的产品，在装载时也要采取防护措施。

（5）不混装。食品不能和有异味的、有毒的货物混装，清洁货物不能与非清洁货物混装。

（6）隔离。对液态物质要注意其包装的密封性，并采取隔离措施。

☞ 任务操作

步骤一：接单

2015 年 4 月 20 日上午 9:00，客服人员王娟接到桂林内燃机电公司黎晓打来的电话，要求当天下午 17:00 之前到该公司位于桂林市叠彩区九华路 15 号的仓库取货，货物是纸箱包装的 20 件机电产品，每件 30KG，需要发往南宁市武鸣县定罗路 27 号的内燃机械厂，要求三天内到达。

步骤二：调车

王娟将客户订单信息告诉魏小刚，魏小刚立即通知已经在外面送货的司机黄江在送完货之后，到桂林内燃机电公司提货。

步骤三：提货装车

黄江于上午10:10到达桂林××机电公司与黎晓接洽，10:20黎晓安排公司仓管员、装卸人员装车。在装车的过程中，黄江仔细清点了装车的货品数量，检查了货品的外包装，与《出库单》一致。

装车完毕，黄江在《出库单》上签字，并拿了联运联。黄江拿出《货运单》按照黎晓的要求填写，填写之后，让黎晓签字确认，并加盖单位公章。黎晓将705元运费交给黄江。

表5-1　　**小麻雀物流公司货运单**

运单号 NO:2694312

起运站:桂林　　终点站:南宁武鸣县　　2015年4月20日

<table>
<tr><td>托运人</td><td>黎晓</td><td>单位</td><td colspan="5">桂林内燃机电公司
桂林市叠彩区九华路15号</td><td>电话</td><td colspan="2">0773-3251234</td></tr>
<tr><td>收货人</td><td>刘洪</td><td>单位</td><td colspan="5">南宁市内燃机械厂
南宁市武鸣县定罗路27号</td><td>电话</td><td colspan="2">0771-3764321</td></tr>
<tr><td>货物名称</td><td>件数</td><td>包装</td><td>重量KG</td><td>体积 m^3</td><td>货物价值（元）</td><td>保险费（元）</td><td>运费（元）</td><td>送货费（元）</td><td>合计（元）</td><td>不参加保险签字</td></tr>
<tr><td>机电产品</td><td>20</td><td>纸箱</td><td>600</td><td></td><td>35000</td><td>105</td><td>600</td><td></td><td>705</td><td></td></tr>
<tr><td></td><td></td><td></td><td></td><td></td><td></td><td></td><td></td><td></td><td></td><td></td></tr>
<tr><td></td><td></td><td></td><td></td><td></td><td></td><td></td><td></td><td></td><td></td><td></td></tr>
<tr><td>总金额（人民币）</td><td colspan="7">×万 ×仟 柒 佰 零 拾 伍 元 零 角 零 分</td><td colspan="2">小写</td><td>¥705.00</td></tr>
<tr><td colspan="3">付款方式:现付</td><td colspan="4">提货方式:送货</td><td colspan="2">发货人签字:李小萌</td><td colspan="2">公司签单:</td></tr>
<tr><td colspan="11">承运条款:
1. 承运方承运货物时按件接收，保障货物外包装完好无损，不负责内装货物是否完好，提货方提货时当面验收货物，事后货物缺损，承运方概不负责。
2. 托运方必须按货物实价保险，如遇货损、丢失，属本公司责任范围内的，按投保有关规定赔偿。未保价的，承运方最多不超过托运费的3倍赔偿。
3. 货物外包装应符合运输标准，严禁夹带危险品、禁运物品，否则一切损失由托运人负责。</td></tr>
</table>

黄江将货品送回公司，将《出货单》第四联和货款交给财务人员，将《出货单》承运方联和《货运单》第一联交王娟，第三联交给魏小刚做配载计划依据。王娟按照公司规定，将客户信息录入管理系统。

步骤四：配装（配载）

下午 17:00，魏小刚将多家托运人的零担货物按其《货运单》做出《配载装车计划表》，然后指挥装卸人员进行装车。《配载装车计划表》如下表：

表 5－2 **配载装车计划表**

日期：2015 年 04 年 20 日 单号：P201504001

车牌号：桂 C26546 司机：刘宇浩

货运单号	托运人	货品名称	包装	件数	目的站
Y201504001	黎晓	机电产品	纸箱	20	南宁武鸣
Y 201504002	张东生	电子产品	纸箱	15	南宁
Y 201504003	孙明明	汽车配件	纸箱	18	南宁横县
……	……	……	……	……	……

装车完毕之后，魏小刚将桂 C26546 所装货物所有零担托运人的《道路货物运单》第三联交给司机刘宇浩。刘宇浩再次检查车辆状况，一切正常，于 18:00 正式发车。

步骤五：货物在途跟踪

刘宇浩根据公司跑桂林－南宁线的规定，必须在柳州新兴服务区，南宁王灵服务区休息 15 分钟。在休息期间，刘浩宇检查货车蓬布遮盖和捆绑等情况，确保车辆及货物处于安全状态，并给王娟打电话，报告自己的在途情况。王娟根据刘宇浩反馈的消息，填写《跟踪记录》。

步骤六：中转

刘宇浩于晚上 22:30 到达南宁，23:00 到达南宁分公司，并打电话给王娟报告自己已到达南宁分公司。南宁分公司组织人员卸货，24:00 卸货完毕。

因为公司没有在武鸣县设立网点，所以刘宇浩在 2015 年 4 年 21 日上午 9:00，将桂林内燃机电公司 20 件机电产品转交给南宁桂华物流公司托运到武鸣。南宁桂华物流公司吴天开出《货运单》交给刘宇浩，并安排司机王忠礼于中午 11:00 出车。

刘宇浩返回南宁分公司后，填写《货物交接单》。

表 5－3 **货物交接单**

日期：2015 年 4 年 21 日 单号：2015042103

原托运单记录		中转记录		收货单位	联系人
起点站	到达站	起点站	到达站		
桂林	南宁	南宁	武鸣	南宁××物流公司	吴天
货品名称	包装	件数	重量 kg	体积 m^3	运费
机电产品	纸箱	20	600		100
填发站	南宁	填单人	刘宇浩	盖章：	××物流公司 南宁分公司

步骤七:中转司机在途跟踪

同步骤五。

步骤八:中转货车司机卸货

2015 年 4 年 21 日 12:00，司机王忠礼到达南武鸣县定罗路 27 号南宁内燃机械厂，卸货清点后，刘洪在《货运单》上签字确认，并加盖收货章。

步骤九:费用结算

该票货物属于现结，在上门提货时客户已经付清。与南宁桂华物流公司是长期合作伙伴，转运费会在月底由南宁桂华物流公司对账后，开出发票统一支付。

☞ 任务评分

班级			姓名		小组		
任务名称		零担货物运输作业					
考核内容		评价标准	参考分值(100)	学生自评	小组互评	教师评价	考核得分
职业素养情况	1	具有良好的沟通能力	5				
	2	具有信息搜集能力	5				
	3	在任务实施过程中具有较强的总结能力	10				
知识掌握情况	4	掌握零担货物运输的发送站务工作	10				
	5	掌握零担货物运输的具体流程	5				
	6	掌握零担货物运输运单填写	10				
	7	了解零担货物装卸的形式	5				
能力提升情况	8	能够根据实际情况安排配装计划	10				
	9	能够独立完成零担货运作业	10				
	10	能够主动搜集所需信息，进行自主学习	10				
参与活动情况	11	积极参与任务实施	5				
	12	积极参与小组讨论	5				
	13	积极回答老师提问	10				
小计							
合计 = 自评 * 20% + 互评 * 40% + 教师评 * 40%							

操作习题作业

☞ 模拟案例

2015 年 4 月 22 日上午 9:00，桂林科威电子公司由业务经理谭勇通过公司电话 0773－56855321 打给魏小刚，要求到公司所在地桂林市普陀路 27 号提货，货物到达后由收货方一次性支付货款。货物由南宁市横县六井工业区景港路 4 号发往深圳宝华电子配件生产厂，那边的联系人是廖原，联系电话 0771－7155431。货品具体内容如下：

电子配件 8 件，每件货品 12KG，纸箱包装，货物价值 20000 元，运费 680 元，保费为货物价值的 3‰。

请按照案例要求，做模拟准备，完成零担货物运输作业练习。

☞ 知识考核

一、单选题

1.（　　）就是专线对多个托运人的零担货物，按大致同一流向配载到一个整车上，车到目的地后再由目的地的货运市场进行零担中转的运输过程阶段。

A. 整车运输　　B. 拆零运输　　C. 专线零担运输　　D. 快递运输

2. 专线客户服务人员负责接收托运人发货通知（托运人的发货传真、电话等指令），被称为（　　）环节。

A. 接单　　B. 调车　　C. 提货　　D. 配货

二、多选题

零担货物运输的流程包括（　　）等阶段。

A. 接单　　B. 调车　　C. 提货　　D. 装车

三、判断题

1. 如因种种理由，收货人拒绝在《道路货物运单》上盖章或签字确认时，中转司机应随时与客户服务人员联系，由客户服务人员与相关各方联系，并告诉司机最终的解决办法。（　　）

2. 装车完毕后，操作主管将整车货物所有零担托运人的《道路货物运单》第二联交给司机。（　　）

3. 无论出现何种事故，事故发生后，专线公司须不用向托运人和收货人做出事故处理结果的报告。（　　）

模块六 6
铁路货物运输操作实务

▶学习要点

1. 了解铁路货物运输的概念和优缺点；
2. 掌握铁路货物运输的各作业流程；
3. 掌握铁路货物运输作业的三种主要形式；
4. 掌握铁路货物运价的类型；
5. 掌握铁路货物运输费用的计算方法。

▶案例导入

魏小刚在了解了公路整车和零担货物运输相关操作后，继续跟着运输主管学习，了解铁路货物运输的基础知识、铁路货物运输的作业流程以及铁路货物运输运费的计算。

任务一　认知铁路货物运输

☞ 任务目的

1. 熟悉铁路货物运输的基本概念；
2. 掌握铁路货物运输的种类；
3. 掌握铁路货物运输的优点；
4. 掌握铁路货物运输的缺点；
5. 能够根据铁路货物运输的优缺点确定货物是否适合铁路货物运输。

☞ 任务内容

在上一模块中，魏小刚了解了公路零担货物运输的相关知识。运输主管告诉魏小刚，有时候公司接到的托运申请是大批量的货物，这时候就需要与铁路部门沟通，开展铁路货物运输。主管希望魏小刚可以对铁路货物运输的基本概念进行了解。

☞ 任务准备

计算机、互联网

☞ 任务分工

岗位	岗位职责	主要内容	技能要求与基本素质	对应人员
岗前了解	无	了解铁路货物运输。	了解铁路货物运输的基本概念； 了解铁路货物运输的种类； 熟知铁路货物运输的优缺点。	魏小刚

☞ 任务资讯

(一)铁路货物概念

铁路货物运输，利用列车把货物从一个地方运送到另一个地方，是铁路运输的重要组成部分。铁路货物运输主要承担长距离、大批量的货运，利用线路、机车、车辆、通信信号等技术设备，将发货人托运的货物从一个生产地点运送到另一个生产地点或消费地点，交付给收货人。全部过程可分为在装车站(发站)的始发作业、在中转站或技术站的途中作业和卸车站(到站)的终到作业。如图 6 - 1 所示。

图6－1　铁路货物运输

(二)铁路货物运输的种类

铁路货物运输按分类方法的不同可有以下多种。

(1)按照一批托运货物的重量、体积、形状及其物理化学性质，分为铁路整车货物运输、铁路零担货物运输和铁路集装箱运输三种。

(2)按照运送条件，分为按普通运送条件办理的货物运输和按特殊运送条件办理的货物运输两种。属于后者的有铁路阔大货物运输(包括超限货物、超长货物和集重货物运输)、铁路危险货物运输、铁路罐装货物运输以及铁路易腐货物运输和活动物运输。

(3)按照运送速度，分为按普通货物列车速度(又称慢运速度或一般运送速度)办理的货物运输、按快运货物列车速度办理的货物运输和按客运速度办理的货物运输三种。

此外，铁路还办理国际铁路联运货物运输、铁路水路联运货物运输和铁路公路联运货物运输。

(三)铁路货物运输的优点

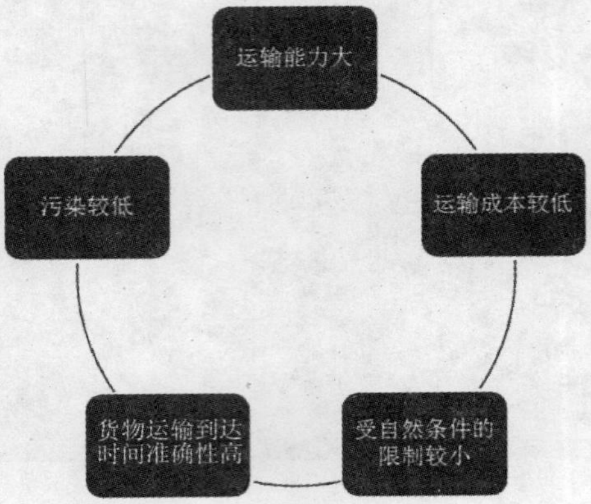

1. 运输能力大

对于陆上运输而言，铁路货物运输的运送能力是最大的。特别是重载铁路的修建，使铁路货物运输的运送能力比以前有了大幅度的提高。铁路货物运输非常适合大宗物资的陆上运输。如图 6 – 2 所示。

图 6 – 2　运输能力大

2. 运输成本较低

由于铁路货物运输采用大功率机车牵引列车运行，可承担长距离、大运输量的运输任务，而由于机车的运行阻力较小、能源消耗低，因此系统运行价格较低。

3. 受自然条件的限制较小

由于铁路货物运输具有高度的导向性，所以只要行车设施无损坏，在任何自然气候条件下，列车均可以安全行驶，受气候因素限制小。因此铁路运输是较可靠的运输方式。

4. 货运输到达时间准确性高

由于铁路货物运输统一调度，并且具有专用路权，先进的列车可以通过高科技电脑控制，实现全自动化，可以完全无人干预，因此能保证运输到达时间的准确性。

5. 污染较低

铁路的污染比公路低，如果在噪音方面，铁路所带来的噪音污染，不仅比公路低，而且是间断性的。

(四)铁路货物运输的缺点

1. 初期建设投资高

铁路货物运输固定资产的比例要远远高于其他运输项目。铁路货物运输需要修建轨道、建造桥梁和隧道，建设工程艰巨复杂，需要消耗大量的钢材、木材，其初期投资大大超过其他运输方式。一旦铁路拆除，造成的损失是很大的。

2. 运营缺乏弹性

铁路货物运输只能在固定线路上实现运输，需要以其他运输手段配合和衔接，铁路货物运输经济里程一般在200公里以上，只有达到一定的运输量，才能保证其经济性，这样势必影响铁路的机动灵活性。

3. 货损较高

由于铁路货物运输在运输途中需要编组货物，会出现货物的多次装卸搬运现象，若不能精心处理，会造成货物的压损。

☞ 任务操作

步骤一:区别铁路货物运输优缺点

在班上选出四名学生到黑板上填写铁路运输优点和缺点对比表，如表6－1所示。

表6－1　　铁路货物运输优缺点对比表

	优点	缺点
1		
2		
3		
4		
5		
6		

步骤二:讲解与点评

四名学生填写完后，其他学生觉得他们填写的内容有可以补充或错误之处的可以自行到黑板上修改。最后由老师进行点评。

☞ 任务评分

班级			姓名		小组		
任务名称		认知铁路货物运输					
考核内容		评价标准	参考分值(100)	学生自评	小组互评	教师评价	考核得分
职业素养情况	1	具有良好的沟通能力	5				
	2	具有信息搜集能力	5				
	3	在任务实施过程中具有较强的总结能力	10				
知识掌握情况	4	熟悉铁路货物运输的基本概念	10				
	5	掌握铁路货物运输的种类	5				
	6	掌握铁路货物运输的优点	10				
	7	掌握铁路货物运输的缺点	5				
能力提升情况	8	能够根据铁路货物运输的优缺点确定货物是否适合铁路运输	10				
	9	能够区分铁路货物运输的种类	10				
	10	能够主动搜集所需信息,进行自主学习	10				
参与活动情况	11	积极参与任务实施	5				
	12	积极参与小组讨论	5				
	13	积极回答老师提问	10				
小计							
合计 = 自评 * 20% + 互评 * 40% + 教师评 * 40%							

☞ 知识考核

一、单选题

1. 按托运货物的重量、体积、形状及其物理化学性质划分，铁路货物运输可以分为(　　)。

A. 按普通运送条件办理的货物运输和按特殊运送条件办理的货物运输两种

B. 铁路整车货物运输、铁路零担货物运输和铁路集装箱运输三种

C. 按普通货物列车速度办理的货物运输、按快运货物列车速度办理的货物运输和按客运速度办理的货物运输三种

D. 国际铁路联运货物运输、铁路水路联运货物运输和铁路公路联运货物运输三种

2. 按照运送条件划分，铁路货物运输可以分为(　　)。

A. 按普通运送条件办理的货物运输和按特殊运送条件办理的货物运输两种

B. 铁路整车货物运输、铁路零担货物运输和铁路集装箱运输三种

C. 按普通货物列车速度办理的货物运输、按快运货物列车速度办理的货物运输和按客运速度办理的货物运输三种

D. 国际铁路联运货物运输、铁路水路联运货物运输和铁路公路联运货物运输三种

3. 下列关于铁路货物运输的优点，错误的是(　　)。

A. 运输能力大　　B. 运输成本低　　C. 污染较低　　D. 运输速度快

二、多选题

1. 按照运送速度划分，铁路货物运输分为(　　)。

A. 按普通货物列车速度办理的货物运输

B. 按快运货物列车速度办理的货物运输

C. 按特殊运送条件办理的货物运输

D. 按客运速度办理的货物运输

2. 铁路货物运输，利用(　　)技术设备，将货物从一个生产地点运送到另一个生产地点或消费地点。

A. 线路　　B. 车辆　　C. 机车　　D. 通信信号

三、判断题

1. 由于铁路货物运输具有高度的导向性，所以只要行车设施无损坏，在任何自然气候条件下，列车均可以安全行驶，受气候因素限制小。(　　)

2. 铁路的污染比公路高，如果在噪音方面，铁路所带来的噪音污染，不仅比公路高，而且是连续性的。(　　)

3. 由于铁路货物运输在运输途中需要编组货物，会出现货物的多次装卸搬运现象，若不能精心处理，会造成货物的压损。(　　)

任务二　铁路货物运输作业

☞ 任务目的

1. 掌握铁路货物运输作业的三种主要形式；

2. 能够根据铁路整车货物运输、铁路零担货物运输及铁路集装箱运输各自的条件，选择正确的运输形式；

3. 能够掌握铁路货物运输始发各项作业流程；

4. 能够掌握铁路货物运输途中和终到各项作业流程。

☞ 任务内容

魏小刚所在的公司，每天业务量非常的大。运输主管告诉魏小刚，掌握铁路货物运输的基础知识是远远不够的。因此，运输主管让魏小刚跟着负责铁路货物运输作业的小覃一起学习铁路货物运输的作业流程。

☞ 任务准备

计算机、互联网

☞ 任务分工

岗位	岗位职责	主要内容	技能要求与基本素质	对应人员
岗前了解	无	了解铁路货物运输作业。	了解铁路货物运输作业的三种形式； 熟知铁路整车货物运输、铁路零担货物运输及铁路集装箱运输各自办理条件； 熟知铁路货物运输始发各项作业流程。	魏小刚
铁路货物运输调度员	车辆调度	根据货物实际情况，正确选择合理的铁路货物运输方式。	充分了解铁路货物运输方式条件；熟练的操作铁路货物运输始发各项作业流程；具备吃苦耐劳的精神。	魏小刚

☞ 任务资讯

(一)铁路货物运输形式

1. 铁路整车货物运输

(1)整车货物运输的基本条件：①承运人原则上应按件数和重量承运货物，但对散装、堆装货物的规格、件数过多，在装卸作业中难于点清件数的货物，则只按重量承运，不计算件数；②货物的重量由托运人确定；③按照货物运输途中的特殊需要，允许托运人派人押运；④允许在铁路专用线、专用铁路内装车或卸车。

(2)铁路整车运输货物运输流程图，如图6－3所示：

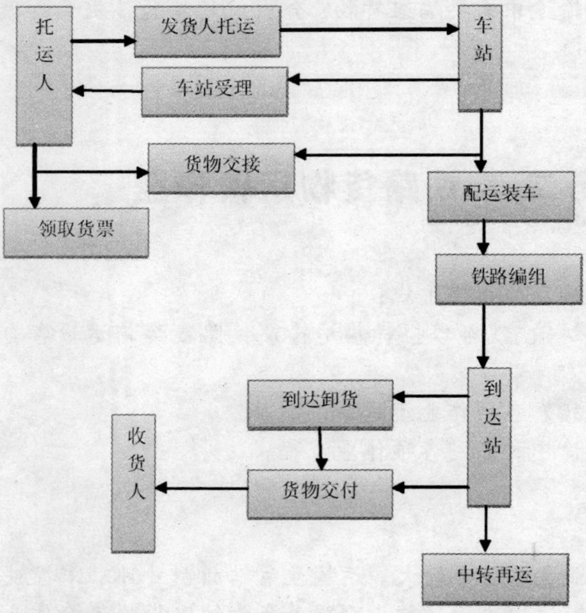

图6－3　铁路整车货物运输流程

2. 铁路零担货物运输

(1)一批托运的货物，其重量或体积不需单独一辆货车装载的运输。世界各国对零担货物的起码重量、体积、件数等都有限制性的规定。中国铁路规定：按零担托运的货物，一件的体积不得小于0.02立方米(一件重量在10公斤以上的除外)，每批不得超过300件。

(2)铁路零担货物运输流程图，如图6－4所示：

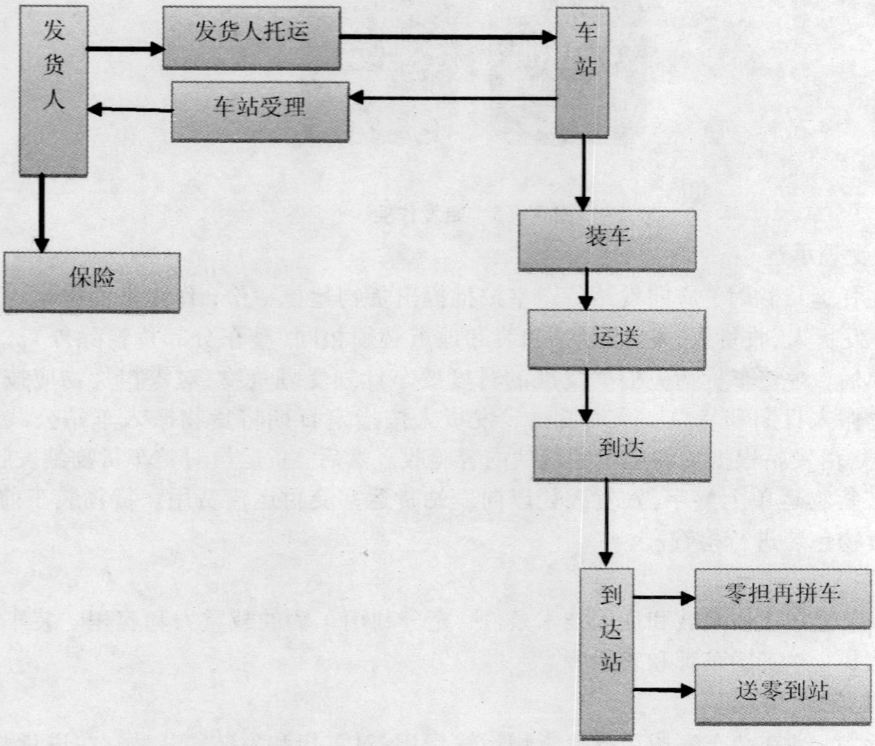

图6－4　铁路零担货物运输流程

3. 铁路集装箱货物运输

铁路集装箱货物运输条件：应在铁路集装箱办理站办理运输；必须是适合集装箱装载运输的货物；必须符合一批办理的条件；由发货人、收货人负责拆、装箱确定重量；零担货物或使用集装箱运输的货物，以每张货物运单为一批。

(二)铁路货物运输作业

1. 始发作业

在铁路为运输货物的发站进行的各项作业，主要包括货物受理承运、装车作业、核算运输费用和填制货运票据等业务活动。如图6－5所示。

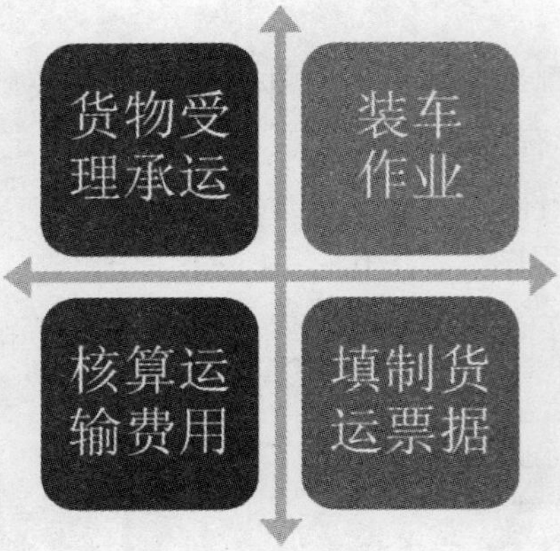

图6－5　始发作业

(1)货物受理承运

发货人在托运货物时，应向发站货运室按批提出货物运单一份，作为书面申请。按一批托运的货物，发货人、收货人、发站、到站和装卸地点必须相同(整车分卸货物除外)。货运室接到货物运单后，对整车货物应根据批准的月度要车计划受理货物;对零担货物应按承运日期表签证货物搬入日期和货位，受理货物。发货人按指定日期将货物搬入车站公共装卸场所，送到货位，由发站根据货物运单的记载内容验收。然后，货运员对整车货物签发收货证，对零担货物在货物运单上签字,发货人凭以向发站货运室交付运输费用。货物装车前，应对车辆状况及货物包装进行检查。

(2)装车作业

装车时，应遵守货物装载和加固技术条件，充分利用车辆的载重力和容积。装车后按规定进行车辆施封，并安插车牌和表示牌。

(3)核算运输费用

对整车货物，则在装车完毕后核算货物运输费用;对零担和集装箱货物，在进货验收、检斤以后即核算货物运输费用。然后将货物运单交制票货运员填制货票。

(4)填制货运票据

零担和集装箱货物由发站接收完毕，整车货物由装车完毕，发站货运室在货物运单上加盖承运日期戳，即为承运。承运标志着铁路开始对发货人托运的货物承担运输义务，并负运输上的一切责任。

车站在承运货物时，应将领货凭证和货票丙联交给发货人，发货人应将领货凭证及时交给收货人，凭以向到站领取货物。

2. 途中作业

在货物运输途中进行的各项作业，主要包括货物的交接检查、零担货物的中转、货物运输变更以及货物的换装和整理等业务活动。如图6－6所示。

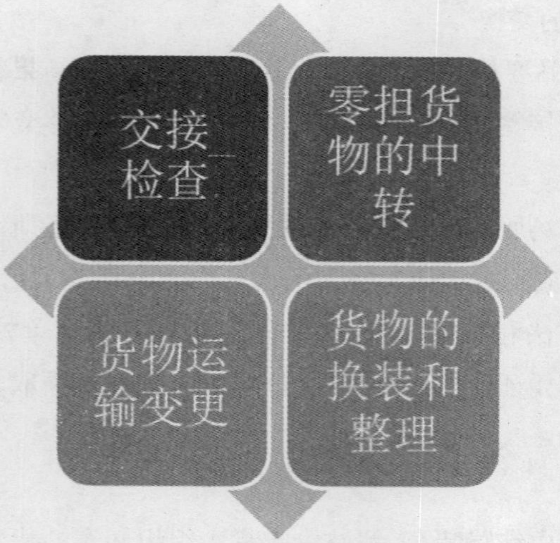

图6-6　途中作业

为了保证货物运输的安全和质量，划清运输责任，运输中的货物（车）应由车站人员和列车乘务员之间或列车乘务员相互之间，在铁路局或分局指定的地点、时间办理货物的交接检查。

零担货物的中转作业是中转站将来自各个方向的零担货物，按零担车组织计划的要求，重新组成新的直达和中转整装零担车、沿途零担车，继续运至到站。因此，零担货物的中转作业是一个按货物流向或到站进行分类整理，卸而复装或留用加装的过程。

3. 终到作业

在货物的到站进行的各项作业，主要包括重车和货运票据的交换、卸车作业、保管和交付等业务活动。到站向收货人办完货物交付手续后，即完成该批货物的全部运输过程。如图6-7所示。

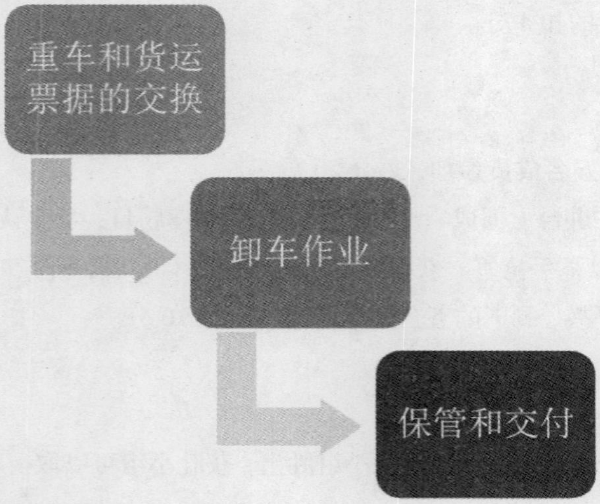

图6-7　终到作业

(1)重车和货运票据的交换

货物列车到达后，到站要核对现车并进行货运检查，检查结果符合规定要求，则与车长办理重车和货运票据的交接签证，然后将本站卸车的重车票据移交货运室。

(2)卸车作业

在铁路车站公共装卸场所的卸车作业由铁路负责;在其他场所卸车，由收货人负责。铁路组织卸车的货物，到站应不迟于卸车完了的次日内用电话或书信向收货人发出到货通知，并在货票内记明通知的方法和时间。同时，货运室根据货物运单核算在到站应收的运输费用。收货人在到站凭领货凭证(个人还须提交证明本人的证件领取货物，并在货票丁联上签字或盖章。)领取货物。

(3)保管和交付

铁路组织卸车和发站由铁路装车、到站由收货人组织卸车的货物，在向收货人点交货物后，即为交付完毕;发站由发货人组织装车，到站由收货人组织卸车的货物在货车交接地点交接完毕，即为交付完毕。

☞ 任务操作

步骤一:画图竞赛

(1)把班上学生分为两个小组，两个小组之间进行抽签决定所需画的流程图，总分50分。

(2)根据抽签结果，每个小组一名代表到黑板上画流程图，时间为三分钟。在三分钟内没有完成的扣5分，每错一个扣2分。

(3)小组成员自行到黑板对流程图进行修改或者补充，小组成员修改或补充正确的一个地方加4分，修改错误的扣4分。

步骤二:“一站到底”

(1)每个小组派出五名成员参加，总分50分。

(2)10名学生站在讲台上围成一个圈，首先教师宣读题目，学生认真听题。在教师宣布“开始抢答”学生才可以举手抢答。获得抢答权的学生进行回答，回答正确继续留下，回答错误退出比赛。依次循环换，剩下的五名学生各为本队加10分。

步骤三:颁发奖品

最后，教师进行分数累加，得分高的小组胜出，获胜小组可以取得神秘小礼物。

☞ 任务评分

班级		姓名		小组			
任务名称		铁路货物运输作业					
考核内容		评价标准	参考分值(100)	学生自评	小组互评	教师评价	考核得分
职业素养情况	1	具有良好的沟通能力	5				
	2	具有信息搜集能力	5				
	3	在任务实施过程中具有较强的总结能力	10				
知识掌握情况	4	掌握铁路货物运输作业的三种主要形式	10				
	5	掌握铁路货物运输始发各项作业流程	5				
	6	掌握铁路货物运输途中各项作业流程	10				
	7	掌握铁路货物运输终到各项作业流程	5				
能力提升情况	8	能够根据铁路整车货物运输、铁路零担货物运输及铁路集装箱运输各自的条件,选择正确的运输形式	10				
	9	能够掌握铁路货物运输始发、途中和终到各项作业流程	10				
	10	能够主动搜集所需信息,进行自主学习	10				
参与活动情况	11	积极参与任务实施	5				
	12	积极参与小组讨论	5				
	13	积极回答老师提问	10				
小计							
合计=自评*20%+互评*40%+教师评*40%							

☞知识考核

一、单选题

1. 下列关于整车货物运输的基本条件，错误的是(　　)。

A. 在装卸作业中难于点清件数的货物，按重量承运，不计算件数

B. 货物的重量由托运人确定

C. 按照货物运输途中的特殊需要，不允许托运人派人押运

D. 允许在铁路专用线、专用铁路内装车或卸车

2. 中国铁路规定：按零担托运的货物，一件的体积不得小于(　　)立方米(一件重量在10公斤以上的除外)，每批不得超过(　　)件。

A. 0.02　300　　B. 0.03　200

C. 0.03　300　　D. 0.02　200

3. 下列关于，铁路集装箱货物运输条件，正确的是(　　)。

A. 应在铁路集装箱办理站办理运输

B. 不需发货人、收货人负责拆、装箱确定重量

C. 每张货物运单为两批

D. 适合集装箱装载或其他装载运输的货物

二、多选题

1. 在铁路为运输货物的发站进行的各项作业中，主要包括(　　)。

A. 货物受理承运　　B. 装车作业

C. 核算运输费用　　D. 填制货运票据

2. 在货物运输途中进行的各项作业中，主要包括(　　)。

A. 货物的交接检查

B. 零担货物的中转

C. 货物运输变更

D. 货物的换装和整理

3. 在货物的到站进行的各项作业中，主要包括(　　)。

A. 重车和货运票据的交换

B. 零担货物的中转

C. 卸车作业

D. 保管和交付

三、判断题

1. 零担货物的中转作业是一个按货物流向或到站进行分类整理，卸而复装或留用加装的过程。(　　)

2. 铁路组织卸车的货物，到站应不迟于卸车完了的一个星期内用电话或书信向收货人发出到货通知，并在货票内记明通知的方法和时间。(　　)

任务三　铁路货物运费计算

☞任务目的

1. 掌握铁路货物运价的类型；
2. 掌握铁路货物运输费用的计算方法；
3. 能够根据铁路货物运价的要求区分货物的不同运价；
4. 能够熟练地计算铁路货物运输的费用。

☞ 任务内容

魏小刚跟着公司小章学习铁路货物运输作业期间，收到一位顾客寄来的铁路货物运输费用单。魏小刚需要对单据上的数据进行核对和计算是否有错。运输主管告诉魏小刚这就涉及到计算铁路货物运输费用的内容。运输主管让魏小刚自己学习这方面的知识。魏小刚该如何完成这项任务呢？

☞任务准备

计算机、互联网

☞任务分工

岗位	岗位职责	主要内容	技能要求与基本素质	对应人员
岗前了解	无	了解铁路货物运费计算。	了解铁路货物运价的类型； 熟知铁路货物运输费用的计算方法。	魏小刚
收银员	收取运输费用。	根据客户办理的铁路货物运输业务，为客户计算运输费用并收取客户运输费用。	熟练计算铁路货物运输费用； 准确、高效的完成铁路货物运输费用的计算和收取； 具备严谨、吃苦耐劳的精神。	魏小刚

☞任务资讯

（一）铁路货物运价

普通运价、特定运价、铁路建设基金、货运杂费、违约金（超载违约金、捏报或物品名违约金、运杂费迟交违约金、运到逾期违约金）。

1. 普通运价

按货物运输种类和货物品类差别的运价；按运输距离差别的运价，分为始发、终到作业支出；运行作业支出；中转作业支出。（13%；74%；13%）；按运输条件差别的运价。

2. 特定运价

主要是针对某些特殊商品或者特殊的时间，在特殊的运输范围内使用的一种运价。分为优惠运价和提高运价。

(二)铁路货物运输费用的计算

1. 铁路货物运输费用

铁路货物运输费用包括:运费、建设基金、新路新价均摊费、货运杂费。

(1)铁路运费

铁路运费 =[发到基价 +(运行基价 × 运价里程)]× 计费重量(箱数)

(2)铁路建设基金、新路新价均摊费和电气化附加费

铁路建设基金 = 基金费率 × 计费重量(箱数或轴数)× 运价里程

新路新价均摊费 = 均摊费率 × 计费重量(箱数或轴数)× 运价里程

电气化附加费 = 附加费 × 计费重量(箱数或轴数)× 运价里程

2. 整车货物运费计算

(1)铁路运费 =[发到基价 +(运行基价 × 运价里程)]× 计费重量(箱数)

(2)计费重量

一般按货车标记的重量作为计费重量,货物重量超过标重时,按货物重量计费;标重不足 30 吨的家畜车计费重量按 30 吨计算;铁路配发的计费重量高的货车代替托运人要求计费重量低的货车,如果托运人无货加装,按托运人原要求计费重量收费。

3. 零担货物运费计算

(1)铁路运费 =[发到基价 +(运行基价 × 运价里程)]× 计费重量(箱数)/10

(2)计费重量

零担货物的计费重量以 10 千克为单位,不足 10 千克进为 10 千克;针对轻漂物货物重量与折合重量则按大计费,其中折合物重量 =(300 × 体积)千克;货物的长宽高的计算单位为米,小数点后取两位数(以下四舍五入),体积计算单位为立方米,保留两位小数第三位四舍五入。

4. 集装箱货物运费计算

铁路运费 =[发到基价 +(运行基价 × 运价里程)]× 计费重量(箱数)

5. 分项计费

一个运单内有两种或两种以上不同的零担货物,应分项计费。

(1)当不同物品的运价率相同时,重量应合并计算。

(2)运价率不同的零担货物在同一包装内按一批托运时,按该批货物中运价率高的计费。

☞任务操作

魏小刚在处理铁路运输费用时,运输主管让魏小刚核算运输单上面的运费,请你帮助魏小刚计算该批货物的运费,这批货物具体情况如下:

“捷运”运输公司要将一批电器从杭州运往上海,全程 265 公里,电器重量为 23400 公斤,用标准 40 吨棚车由铁路整车运输进行运输。从铁路整车货物运价率表得知其运价率为 29.5 元/吨。请计算运输这批电器的运费。

步骤一:确定货物重量

由题意可知,该货物重量为 23400 公斤,即 23.4 吨,小于运车标重 40 吨,按规定这次运

输的计费重量为40吨。

步骤二:计算运费

由此可知,

运费 $=40\times29.50=1180$(元)

步骤三:核对运单运费

最后,核对运输单上面的运费总额与计算出来的结果是否一致,一致则无误;若核对结果有误,则做好登记,查明原因并及时改正。

☞ 任务评分

班级			姓名		小组		
任务名称		铁路货物运费计算					
考核内容		评价标准	参考分值(100)	学生自评	小组互评	教师评价	考核得分
职业素养情况	1	具有良好的沟通能力	5				
	2	具有信息搜集能力	5				
	3	在任务实施过程中具有较强的总结能力	10				
知识掌握情况	4	掌握铁路货物运价的类型	15				
	5	掌握铁路货物运输费用的计算方法	15				
	6	能够根据铁路货物运价的要求区分货物的不同运价	10				
	7	能够熟练地计算铁路货物运输的费用	5				
能力提升情况	8	能够主动搜集所需信息,进行自主学习	10				
	9	能够对运输管理的任务有清晰的认识	10				
	10	能够主动搜集所需信息,进行自主学习	10				
参与活动情况	11	积极参与任务实施	5				
	12	积极参与小组讨论	5				
	13	积极回答老师提问	10				
小计							
合计 = 自评 * 20% + 互评 * 40% + 教师评 * 40%							

☞ 知识考核

1. A 站发到 B 站一批货物为水泥电杆，货物重55t，使用标记载重为60t 的 N17 一辆突出装载，另用标记载重为60t 的 N16 一辆做游车(二批共用)，同时在游车上装载电动机2台，电动机重5t。计算货物的运费。

其中，发到站间的运价里程为621km。运价号、水泥电杆的运价率：整车5号运价，基价1为10.2元/t，基价2为0.0491元/t。电动机的运价率：整车运价6号运价，基价1为14.6元/t，基价2为0.0704元/t。

2. 吉林北站发哈尔滨一批化工原料，货物重50t，以一辆60t 企业自备棚车装运。化工原料适用铁路整车5号运价，运价率：基价1为10.2元/t，基价2为0.0491元/t·km。发到站间的运价里程为263km。试计算该批货物的运费。

模块七 7
水路货物运输操作实务

▶学习要点

1. 了解水路货物运输的概念和优缺点；
2. 掌握班轮运输的各作业流程；
3. 掌握租船运输的各作业流程；
4. 掌握水路货物运输费用的计算方法。

▶案例导入

魏小刚在了解了铁路货物运输相关操作后，继续跟着运输主管贺成学习，了解水路货物运输的基础知识、水路货物运输的作业流程以及水路货物运输运费的计算。

任务一　认知水路货物运输

☞ 任务目的

1. 熟悉水路货物运输的基本概念；

2. 掌握水路货物运输的种类；

3. 掌握水路货物运输的优点；

4. 掌握水路货物运输的缺点；

5. 能够根据水路货物运输的优缺点确定货物是否适合水路货物运输。

☞ 任务内容

通过上一模块的学习，魏小刚基本上掌握了铁路货物运输操作的主要知识。运输主管对魏小刚认真学习的态度非常的满意。接下来，主管让魏小刚继续学习水路货物运输的相关知识。首先，主管希望魏小刚可以自己花时间学习水路货物运输的基础知识。魏小刚该如何完成这项任务呢？

☞ 任务准备

计算机、互联网

☞ 任务分工

岗位	岗位职责	主要内容	技能要求与基本素质	对应人员
岗前了解	无	了解水路货物运输。	了解水路货物运输的基本概念； 了解水路货物运输的种类； 熟知水路货物运输的优缺点。	魏小刚

☞ 任务资讯

一、水路货物运输

水路货物运输，是指国内沿海港口、沿海与内河港口以及内河港口之间由承运人收取运费，负责将托运人托运的货物经水路由一港运至另一港的行为。如图 7－1 所示。

图 7－1　水路货物运输

二、铁路货物运输的种类

（一）按航行的区域分类

水路货物运输按船舶航行区域，可划分为内河运输和海上运输，这是水路运输的基本运输形式。

（二）按货物包装分类

按货物的包装状况可分为散装货物（无包装）、集装箱、单元滚装运输等。集装箱运输和散装货物运输是我国水路运输的主要形式。

（三）按运输货物性质和特点分类

按运输货物性质和特点分为普通大宗货物运输（如煤、砂、矿石等）和特种货物运输（如活植物、活动物、危险品货物、笨重、长大货物、易腐货物等）。

（四）按合同的承租期限分类

按水路货物运输合同的承租期限分为航次租船运输、定期租船运输、包运租船运输。

（五）按货物运输组织形式分类

按货物运输组织形式可分为直达运输和多式联运等。

三、水路货物运输的优点

如图 7－2 所示。

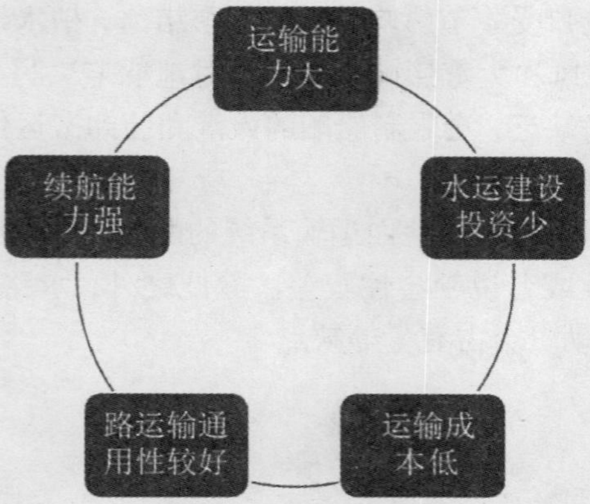

图 7－2　水路货物运输优点

(一)运输能力大

在五种货物运输方式当中，水路货物运输能力最大。

(二)水运建设投资少

水路货物运输只需要利用江河湖海等自然水力资源，除必须投资船舶、建设港口之外，沿海线路几乎不需投资。因此他不像公路货物运输和铁路货物运输需要在航线和运输工具上进行投资，这样，相对于公路货物运输和铁路货物运输，它的初始建设投资是比较少的。

(三)运输成本低

运输成本是由两部分构成的，包括固定成本和变动成本。固定成本主要是初始建设的投资成本(包括购置船舶、缴纳各种港口费用等)；变动成本主要是船舶在运营时的成本(如燃料费和人员费)。由于水路货物运输的运输能力大，并且初始建设的成本较低，折合成每吨公里的运输成本就比较低。

(四)水路货物运输通用性较好

水路货物运输可以运送各种货物，尤其是大件货物，特别是远洋运输。

(五)续航能力强

由于船舶的运输能力强，不仅可以携带大量的燃料、粮食和淡水，而且还具有独立生活的各种设备，如发电、制造淡水、具有储藏大量食物的粮仓。除此之外，水路运输还有平均运距长的优点。

四、水路运输的缺点

如图 7－3 所示。

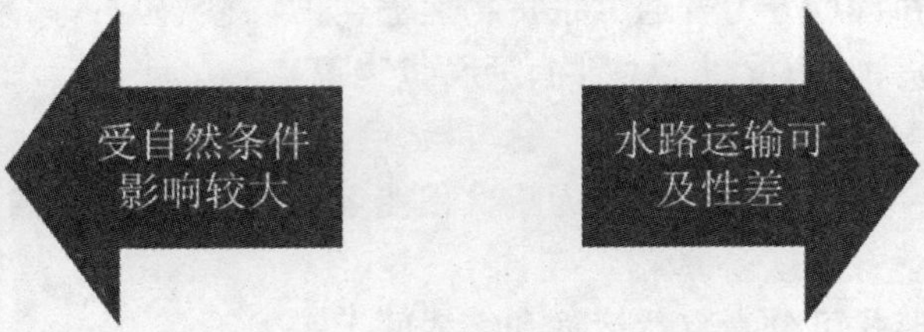

图 7－3　水路货物运输缺点

(一)受自然条件影响较大

由于内河河道和某些港口受季节影响较大，冬季结冰，枯水期水位变低，难以保证全年通航。同样，海上运输受暴风和大雾影响，都要及时地躲避。另外，商船到达商港时，如果水深不够或者装卸搬运设备缺乏，会限制船舶的入港和装卸搬运作业。

(二)水路运输可及性差

由于大部分水路货物运输都需要地面运输系统的配合才能最终完成客货的运输过程，因此水路货物运输的可到达性或者说领会性较差。除此之外，水路货物运输还有运送速度慢。在途时间长、增加货主的流动资金占有量等缺点。

☞ 任务操作

步骤一：区别水路货物运输优缺点

在班上选出四名学生到黑板上填写水路运输优点和缺点对比表，如表 7－1 所示。

表 7－1　　　　水路货物运输优缺点对比表

	优点	缺点
1		
2		
3		
4		
5		
6		

步骤二:讲解与点评

四名学生填写完后，其他学生觉得他们填写的内容有可以补充或错误之处的可以自行到黑板上修改。最后由老师进行点评。

☞ 任务评分

班级			姓名		小组	
任务名称		认知水路货物运输				
考核内容		评价标准	参考分值(100)	学生自评	小组互评	教师评价	考核得分
职业素养情况	1	具有良好的沟通能力	5				
	2	具有信息搜集能力	5				
	3	在任务实施过程中具有较强的总结能力	10				
知识掌握情况	4	熟悉水路货物运输的基本概念	10				
	5	掌握水路货物运输的种类	5				
	6	掌握水路货物运输的优点	10				
	7	掌握水路货物运输的缺点	5				
能力提升情况	8	能够根据水路货物运输的优缺点确定货物是否适合水路货物运输	10				
	9	能够区分水路货物运输的种类	10				
	10	能够主动搜集所需信息,进行自主学习	10				
参与活动情况	11	积极参与任务实施	5				
	12	积极参与小组讨论	5				
	13	积极回答老师提问	10				
小计							
合计 = 自评 * 20% + 互评 * 40% + 教师评 * 40%							

☞ 知识考核

一、单选题

1. 按货物运输组织形式，水路货物运输可以分为(　　)。

A. 直达运输和多式联运

B. 内河运输和远洋运输

C. 航次租船运输、定期租船运输和包运租船运输

D. 普通货物运输和特种货物运输

2. 下列关于水路货物运输的优点，错误的是(　　)。

A. 运输能力强

B. 水运建设投资少

C. 水路运输通用性较好

D. 续航能力小

3. 下列关于水路货物运输的缺点，正确的是(　　)。

A. 受自然条件影响较小

B. 运输成本高

C. 污染较高

D. 水路货物运输可及性差

二、多选题

1. 按运输货物性质和特点分类，水路货物运输分为(　　)。

A. 普通大宗货物运输

B. 特种货物运输

C. 内河运输

D. 直达运输

2. 按水路货物运输合同的承租期限分类，水路货物运输分为(　　)。

A. 航次租船运输

B. 定期租船运输

C. 包运租船运输

D. 多式联运

三、判断题

1. 水路货物运输，是指国内沿海港口、沿海与内河港口以及内河港口之间由承运人收取运费，负责将托运人托运的货物经水路由一港运至另一港的行为。(　　)

2. 按货物运输组织形式可分为直达运输、多式联运以及内河运输等。(　　)

3. 水路货物运输只需要利用江河湖海等自然水力资源，除必须投资船舶、建设港口之外，沿海造船几乎不需投资。(　　)

任务二　班轮运输作业

☞ 任务目的

1. 熟悉班轮运输的基本概念；
2. 掌握班轮运输的特点；
3. 掌握班轮运输作业；
4. 掌握班轮运输的各项作业流程；
5. 能够独立操作班轮运输各项作业流程。

☞ 任务内容

魏小刚掌握了水路货物运输的基本知识后，运输主管让魏小刚跟着负责班轮运输作业的同事小廖一起学习相关的作业流程。魏小刚该如何完成这项任务呢？

☞ 任务准备

计算机、互联网

☞ 任务分工

岗位	岗位职责	主要内容	技能要求与基本素质	对应人员
岗前了解	无	了解班轮运输作业。	了解班轮运输作业的基本概念； 了解班轮运输的特点； 熟知班轮运输的各项作业流程。	魏小刚
船务助理	船务调度。	根据客户需求和实际货物情况，为客户安排船期，并完成班轮运输的相关作业。	熟练的操作班轮运输各作业流程；具备吃苦耐劳的精神；具有团队合作精神。	魏小刚

☞ 任务资讯

一、班轮运输的概念

班轮运输（Liner Shipping）是指轮船公司将船舶按事先制定的船期表（Sailing Schedule），在特定海上航线的若干个固定挂靠的港口之间，定期为非特定的众多货主提供货物运输服务，并按事先公布的费率或协议费率收取运费的一种船舶经营方式。如图 7－4 所示。

图 7－4　班轮运输

二、班轮运输的特点

“四定一负责”：航线、停靠港口、船期、运费率固定班轮运输。承运人负责装和卸。

1. 具有“四固定”的特点，即是固定航线、固定港口、固定船期和相对固定的费率。这是班轮运输的最基本特征。

2. 班轮运价内包括装卸费用，即货物由承运人负责配载装卸，承托双方不计滞期费和速遣费。

3. 承运人对货物负责的时段是从货物装上船起，到货物卸下船止，即“船舷至船舷”（Rail to Rail）或“钩至钩”（Tackle to tackle）。

4. 承运双方的权利义务和责任豁免以签发的提单为依据，并受统一的国际公约的制约。

三、班轮运输作业

如图 7－5 所示。

图 7－5　班轮运输作业

（一）揽货

揽货是指从事班轮运输经营的船公司为使自己所经营的班轮运输船舶能在载重量和舱容上得到充分利用，力争做到“满舱满载”，以期获得最好的经营效益而从货主那里争取货源的行为。揽货的实际成绩如何，直接影响到班轮船公司的经营效益并关系着班轮经营的成败。为了揽货，班轮公司首先要为自己所经营的班轮航线，船舶挂靠的港口及其到、发时间制定船期表并分送给已经建立起业务关系的原有客户，并在有关的航运期刊上刊载，使客户了解公司经营的班轮运输航线及船期情况，以便联系安排货运，争得货源。

(二)订舱

订舱是指托运人或其代理人向承运人，即班轮公司或它的营业所或代理机构等申请货物运输，承运人对这种申请给予承诺的行为。承运人与托运人之间不需要签订运输合同，而是以口头或订舱电函进行预约。只要船公司对这种预约给予承诺，并在舱位登记薄上登记，即表明承托双方已建立有关货物运输的关系。

(三)装船

装船是指托运人应将其托运的货物送至码头承运船舶的船边并进行交接，然后将货物装到船上。如果船舶是在锚地或浮筒作业，托运人还应负责使用自己的或租用的驳船将货物装到船上，亦称直接装船。对一些特殊的货物，如危险品、冷冻品、鲜活货、贵重货多采用船舶直接装船。而在班轮运输中，为了提高装船效率，减少船舶在港停泊时间，不致延误船期，通常都采用集中装船班轮运输装卸的方式，集中装船是指由船公司在各装货港指定装船代理人，在各装货港的指定地点(通常为码头仓库)接受托运人送来的货物，办理交接手续后，将货物集中并按货物的卸货次序进行适当的分类后再进行装船。

(四)卸货

卸货是指将船舶所承运的货物在卸货港从船上卸下，并在船舶交给收货人或代其收货的人和办理货物的交接手续。船公司在卸货港的代理人根据船舶发来的到港电报，一方面编制有关单证联系安排泊位和准备办理船舶进口手续，约定装卸公司，等待船舶进港后卸货，另一方面还要把船舶预定到港的时间通知收货人，以便收货人及时作好接受货物的准备工作。在班轮运输中，为了使分属于众多收货人的各种不同的货物能在船舶有限的停泊时间内迅速卸完，通常都采用集中卸货的办法，即由船公司所指定的装卸公司作为卸货代理人总揽卸货以及向收货人交付货物的工作。

(五)避免误卸

卸货时，船方和装卸公司应根据载货清单和其他有关单证认真卸货，避免发生差错，然而由于众多原因难免发生将本应在其他港口卸下的货物卸在本港，或本应在本港卸下的货物遗漏未卸的情况，通常将前者称为溢卸，后者称为短卸。溢卸和短卸统称为误卸。关于因误卸而引起的货物延迟损失或货物的损坏转让问题，一般在提单条款中都有规定，通常规定因误卸发生的补送、退运的费用由船公司负担，但对因此而造成的延迟交付或货物的损坏，船公司不负赔偿责任。如果误卸是因标志不清、不全或错误以及因货主的过失造成的，则所有补送、退运、卸货和保管的费用都由货主负担，船公司不负任何责任。

(六)交付

货物实际业务中船公司凭提单将货物交付给收货人的行为。具体过程是收货人将提单交给船公司在卸货港的代理人，经代理人审核无误后，签发提货单交给收货人，然后收货人再凭提货单前往码头仓库提取货物并与卸货代理人办理交接手续。交付货物的方式有仓库交付货物、船边交付货物、货主选择卸货港交付货物、变更卸货港交付货物、凭保证书交付货物等。货主选择卸货港交付货物是指货物在装船时货主尚未确定具体的卸货港，待船舶开航后再由货主选定对自己最方便或最有利的卸货港，并在这个港口卸货和交付货物。变更卸货港交付货物是指在提单上所记载的卸货港以外的其他港口卸货和交付货物。凭保证书交付货物是指，收货人无法以交出提单来换取提货单提取货物，按照一般的航运惯例，常由收货人开具保证书，以保证书交换提货单提取货物。

☞ 任务操作

步骤一:发布任务

学生以小组为单位，分别扮演承运人、托运人，模拟班轮运输的一系列作业流程。

步骤二:情境模拟

根据所学内容，每个小组编写剧本，完成揽货 – 订舱 – 装船 – 卸货 – 误卸 – 交付等流程的模拟。

步骤三:教师点评

教师根据学生的表现进行点评，并打分。

☞ 任务评分

<table>
<tr><td colspan="2">班级</td><td></td><td>姓名</td><td colspan="2"></td><td>小组</td><td></td></tr>
<tr><td colspan="2">任务名称</td><td colspan="6">班轮运输作业</td></tr>
<tr><td colspan="2">考核内容</td><td>评价标准</td><td>参考分值(100)</td><td>学生自评</td><td>小组互评</td><td>教师评价</td><td>考核得分</td></tr>
<tr><td rowspan="3">职业素养情况</td><td>1</td><td>具有良好的沟通能力</td><td>5</td><td></td><td></td><td></td><td></td></tr>
<tr><td>2</td><td>具有信息搜集能力</td><td>5</td><td></td><td></td><td></td><td></td></tr>
<tr><td>3</td><td>在任务实施过程中具有较强的总结能力</td><td>10</td><td></td><td></td><td></td><td></td></tr>
<tr><td rowspan="3">知识掌握情况</td><td>4</td><td>熟悉班轮运输的基本概念</td><td>10</td><td></td><td></td><td></td><td></td></tr>
<tr><td>5</td><td>掌握班轮运输的特点</td><td>15</td><td></td><td></td><td></td><td></td></tr>
<tr><td>6</td><td>掌握班轮运输的各项作业流程</td><td>15</td><td></td><td></td><td></td><td></td></tr>
<tr><td rowspan="2">能力提升情况</td><td>7</td><td>能够独立操作班轮运输各项作业流程</td><td>10</td><td></td><td></td><td></td><td></td></tr>
<tr><td>8</td><td>能够主动搜集所需信息,进行自主学习</td><td>10</td><td></td><td></td><td></td><td></td></tr>
<tr><td rowspan="3">参与活动情况</td><td>9</td><td>积极参与任务实施</td><td>5</td><td></td><td></td><td></td><td></td></tr>
<tr><td>10</td><td>积极参与小组讨论</td><td>5</td><td></td><td></td><td></td><td></td></tr>
<tr><td>11</td><td>积极回答老师提问</td><td>10</td><td></td><td></td><td></td><td></td></tr>
<tr><td colspan="4">小计</td><td></td><td></td><td></td><td></td></tr>
<tr><td colspan="7">合计 = 自评 * 20% + 互评 * 40% + 教师评 * 40%</td><td></td></tr>
</table>

☞ 知识考核

一、单选题

1. 班轮运输运价内包括(　　)。

A. 装卸费用　　B. 手续费　　C. 滞期费　　D. 速遣费

2. 卸货时，由于众多原因将本应在其他港口卸下的货物卸在本港，这种卸货称之为(　　)。

A. 短卸　　B. 整卸　　C. 散卸　　D. 溢卸

二、多选题

1. 班轮运输具有“四固定”的特点，下列关于“四固定”，正确的是(　　)。

A. 固定港口　　B. 固定航线　　C. 固定船期　　D. 相对固定的费率

2. 下列关于班轮运输作业流程，正确的是(　　)。

A. 揽货　　B. 订舱　　C. 装船　　D. 卸货

三、判断题

1. 班轮运输，是在特定海上航线的若干个固定挂靠的港口之间，定期为非特定的众多货主提供货物运输服务的一种船舶经营方式。(　　)

2. 班轮运价内包括装卸费用，即货物由承运人负责配载装卸，承托双方计滞期费和速遣费。(　　)

3. 如果误卸是因标志不清、不全或错误以及因货主的过失造成的，则所有补送、退运、卸货和保管的费用都由货主负担，船公司不负任何责任。(　　)

任务三　租船运输作业

☞ 任务目的

1. 熟悉租船运输的基本概念；
2. 掌握租船运输的方式；
3. 掌握租船运输的各项作业流程；
4. 能够独立操作租船运输各项作业流程。

☞ 任务内容

魏小刚熟悉班轮运输的作业流程后，运输主管接着让魏小刚跟着负责租船运输作业的同事一起学习相关的作业流程。魏小刚该如何完成这项任务呢？

☞ 任务准备

计算机、互联网

☞ 任务分工

岗位	岗位职责	主要内容	技能要求与基本素质	对应人员
岗前了解	无	了解租船运输作业。	了解租船运输作业的基本概念； 了解租船运输的特点； 熟知租船运输的各项作业流程。	魏小刚
船务助理	船务调度	根据客户需求和实际货物情况，为客户安排船期，并完成租船运输的相关作业。	熟练的操作租船运输的各项作业流程； 具备吃苦耐劳的精神； 具有团队合作精神。	魏小刚

☞ 任务资讯

一、租船运输的概念

租船运输，又称租船，是海洋运输的一种方式，是指租船人向船东租赁船舶用于货物运输的一种方式。租船运输适用于大宗货物运输，有关航线和港口、运输货物的种类以及航行的时间等，都按照承租人的要求，由船舶所有人确认。租船人与出租人之间的权利义务以双方签订的租船合同确定。如图 7－6 所示。

图 7－6　租船运输

二、租船方式

(一)定期租船

(Time Charter)，又称期租船，是指按一定期限租赁船舶的方式，即由船东(船舶出租人)将船舶出租给租船人在规定期限内使用，在此期限内由租船人自行调度和经营管理。租期可长可短，短则数月，长则数年。这种租船方式不以完成航次数为依据，而以约定使用的时间为限。

(二)定程租船

(Voyage Charter，Tip Charter)，又称程租船或航次租船，它是根据船舶完成一定航程(航次)来租赁的，租船市场上最活跃，且对运费水平的波动最为敏感的一种租船方式。一般可分为:按单航次、来回航次、连续单航次和连续来回航次。

(三)光船租船

(Bareboat Charter)，又称船壳租船，净船期租船。这种租船不具有承揽运输性质，它只相当于一种财产租赁。光船租船是指船舶所有人将船舶出租给承租人使用一定期限，但船舶所有人提供的是空船，承租人要自己任命船长、配备船员，负责船员的给养和承担船舶经营管理所需的一切费用。

三、租船运输作业

如图 7－7 所示。

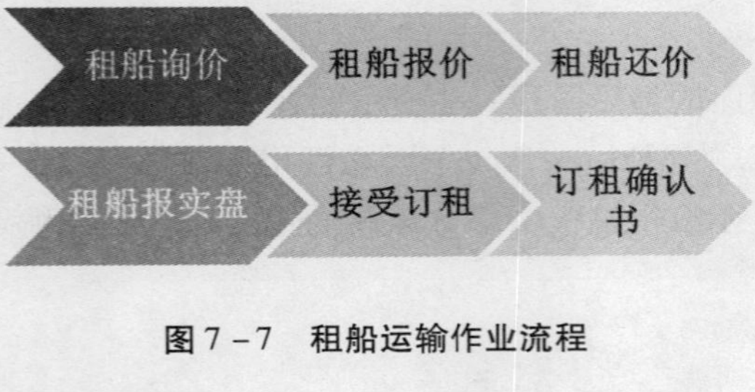

图 7－7　租船运输作业流程

(一)租船询价

询价又称询盘。通常是指承租人根据自己对货物运输的需要或对船舶的特殊要求通过租船经纪人在租船市场上要求租用船舶。询价主要以电报或电传等书面形式提出。承租人所期望条件的内容一般应包括:需要承运的货物种类、数量、装货港和卸货港、装运期限、租船方式或期限、期望的运价(租金)水平以及所需用船舶的详细说明等内容。询价也可以由船舶所有人为承揽货载而首先通过租船经纪人向租船市场发出。由船舶所有人发出的询价内容应包括出租船舶的船名、国籍、船型、船舶的散装和包装容积、可供租用的时间、希望承揽的货物种类等。

(二)租船报价

报价又称发盘。当船舶所有人从船舶经纪人那里得到承租人的询价后，经过成本估算或者比较其他的询价条件，通过租船经纪人向承租人提出自己所能提供的船舶情况和运费率或租金率。报价的主要内容，除对询价的内容作出答复和提出要求外，最主要的是关于租金(运价)的水平和选定的租船合同范本及对范本条款的修改、补充条款。报价有“硬性报价”和“条件报价”之分，“硬性报价”是对报价条件不可改变的报价作出接受订租的答复，超过有效期，这一报价即告失效。与此相反，“条件报价”是可以改变报价条件的报价。

(三)租船还价

还价又称还盘，在条件报价的情况下，承租人与船舶所有人之间对报价条件中不能接受的条件提出修改或增删的内容或提出自己的条件称为还价。还价意味着询价人对报价人报价的拒绝和新的报价开始。因此，船东对租船人的还价可能全部接受，也可能接受部分还价，对租船运输不同意部分提出再还价或新报价。这种对还价条件作出答复或再次作出新的报价称为反还价(Recount Offer)或称反还盘。

(四)租船报实盘

在一笔租船交易中，经过多次还价与反还价，如果双方对租船合同条款的意见一致，一方可以以报实盘的方式要求对方作出是否成交的决定。报实盘时，要列举租船合同中的必要条款，将双方已经同意的条款和尚未最后确定的条件在实盘中加以确定。同时还要在实盘中规定有效期限，要求对方答复是否接受实盘，并在规定的有效期限内作出答复。若在有效期限内未作出答复，所报实盘即告失效。同样，在有效期内，报实盘的一方对报出的实盘是不能撤销或修改的，也不能向其他第三方报实盘(Firm Offer)。

(五)接受订租

(Acceptance)，接受订租又称受盘，指双方当事人对实盘所列条件在有效期内明确表示承诺。至此，租船合同即告成立。原则上，接受订租是租船程序的最后阶段。接受订租后，一项租船洽商即告结束。

(六)订租确认书

订租确认书是租船程序的最后阶段，一项租船业务即告成交。通常的做法是，当事人之间还要签署一份“订租确认书(Fixture Note)”。“订租确认书”无统一格式，但其内容应详细列出船舶所有人和承租人在洽租过程中双方承诺的主要条款。订租确认书经当事人双方签署后，各保存一份备查。

☞ 任务操作

步骤一:发布任务

学生以小组为单位，分别扮演租船人、船东，模拟租船运输的一系列作业流程。

步骤二:情境模拟

根据所学内容，每个小组编写剧本，完成租船询价－租船报价－租船还价－租船报实盘－接受订租－订租确认书等流程的模拟。

步骤三:教师点评

教师根据学生的表现进行点评，并打分。

☞ 任务评分

<table>
<tr><td colspan="2">班级</td><td colspan="2"></td><td>姓名</td><td colspan="2"></td><td>小组</td><td></td></tr>
<tr><td colspan="2">任务名称</td><td colspan="7">租船运输作业</td></tr>
<tr><td colspan="2">考核内容</td><td colspan="2">评价标准</td><td>参考分值(100)</td><td>学生自评</td><td>小组互评</td><td>教师评价</td><td>考核得分</td></tr>
<tr><td rowspan="3">职业素养情况</td><td>1</td><td colspan="2">具有良好的沟通能力</td><td>5</td><td></td><td></td><td></td><td></td></tr>
<tr><td>2</td><td colspan="2">具有信息搜集能力</td><td>5</td><td></td><td></td><td></td><td></td></tr>
<tr><td>3</td><td colspan="2">在任务实施过程中具有较强的总结能力</td><td>10</td><td></td><td></td><td></td><td></td></tr>
<tr><td rowspan="3">知识掌握情况</td><td>4</td><td colspan="2">熟悉租船运输的基本概念</td><td>10</td><td></td><td></td><td></td><td></td></tr>
<tr><td>5</td><td colspan="2">掌握租船运输的方式</td><td>15</td><td></td><td></td><td></td><td></td></tr>
<tr><td>6</td><td colspan="2">掌握租船运输的各项作业流程</td><td>15</td><td></td><td></td><td></td><td></td></tr>
<tr><td rowspan="2">能力提升情况</td><td>7</td><td colspan="2">能够独立操作租船运输各项作业流程</td><td>10</td><td></td><td></td><td></td><td></td></tr>
<tr><td>8</td><td colspan="2">能够主动搜集所需信息,进行自主学习</td><td>10</td><td></td><td></td><td></td><td></td></tr>
<tr><td rowspan="3">参与活动情况</td><td>9</td><td colspan="2">积极参与任务实施</td><td>5</td><td></td><td></td><td></td><td></td></tr>
<tr><td>10</td><td colspan="2">积极参与小组讨论</td><td>5</td><td></td><td></td><td></td><td></td></tr>
<tr><td>11</td><td colspan="2">积极回答老师提问</td><td>10</td><td></td><td></td><td></td><td></td></tr>
<tr><td colspan="5">小计</td><td></td><td></td><td></td><td></td></tr>
<tr><td colspan="5">合计＝自评＊20%＋互评＊40%＋教师评＊40%</td><td colspan="4"></td></tr>
</table>

☞知识考核

一、单选题

1. 定期租船由船东(船舶出租人)将船舶出租给租船人在规定期限内使用，在此期限内由(　　)自行调度和经营管理。

A. 租船人　　B. 船东　　C. 承运人　　D. 托运人

2. 对报价条件不可改变的报价作出接受订租的答复，超过有效期，报价即告失效，这一报价方式是(　　)。

A. 实时报价　　B. 条件报价　　C. 软性报价　　D. 硬性报价

二、多选题

1. 下列哪些属于租船运输的特点。(　　)

A. 不使用提单

B. 大宗货物运输

C. 不签署运输合同

D. 出租人负责船舶的航行、管理与费用

2. 租船运输包括(　　)。

A. 定期租船　　B. 定程租船　　C. 光船租船　　D. 集装箱运输

三、判断题

1. 租船人与出租人之间的权利义务以双方签订的租船合同确定。(　　)

2. 光船租船不具有承揽运输性质，它只相当于一种财产租赁。(　　)

3. 租船报实盘时，要在实盘中规定有效期限，要求对方答复是否接受实盘，并在规定的有效期限内作出答复。(　　)

任务四　水路货物运费计算

☞任务目的

1. 掌握水路货物运价的类型；
2. 掌握水路货物运输费用的计算方法；
3. 能够熟练地计算水路货物运输的费用。

☞任务内容

在学习班轮运输作业和租船运输作业流程期间，魏小刚经常会接触到水路货物运输费用的计算问题，因此，运输主管让魏小刚自己学习这方面的知识。魏小刚该如何完成这项任务呢？

☞任务准备

计算机、互联网

☞任务分工

岗位	岗位职责	主要内容	技能要求与基本素质	对应人员
岗前了解	无	了解水路货物运输运费计算。	了解水路货物运价的类型； 熟知水路货物运输费用的计算方法。	魏小刚
业务部	计算和收取运输费用。	根据客办理的水路货物运输业务，为客户计算运输费用并收取客户运输费用。	熟练的计算水路货物运输费用； 准确、高效的完成费用的计算和收取； 具备严谨、吃苦耐劳的精神。	魏小刚

☞任务资讯

一、水路运价的种类

(一)船舶货物运输

1. 按运价管理形式分为:国家定价;国家指导价格;市场调节价。

2. 按运价的适用范围包括交通部直属水运企业运价;各省、市、自治区地方企业水运运价。远洋运价;国内水运运价。

3. 按运输组织形式，有直达运价、联运运价等。

4. 按货种划分，有普通货物运价、危险货物运价、散油运价。

5. 按使用船舶方式划分，有包船运价、包舱运价、租船运价等。

6. 按国际航运运价适用范围不同分为不定期船运价;班轮运价和国际集装箱运价等。

7. 按运价的制定方式可分为:

(1)单一运价:对同一货种而言，不论其运输距离长短，都采用相同的每货运吨运价。

(2)均衡里程运价:对同一货种而言，货物的运价率的增加随运输距离的增加成正比关系。

(3)递远递减运价:对同一货种而言，每吨海里运价随运输距离的增加而逐步降低。

(4)航线运价:是指适用于某两个港口之间直达货物的运价。

(5)季节性运价，是指随着季节的变化而变化的运价。

(二)港口费率

港口费率是指港口企业对货物进行装卸作业和各项服务工作或为船舶提供港口设备和劳务，而向货主或船方收取各种费用的标准。

1. 按港口劳务对象分，港口费率可分为两大类

(1)与货物有关的港口费率，包括货物装卸费率、货物保管费率、货物驳运费率、货物换装包干费率、货物港务费率等。

(2)与船舶有关的港口费率，包括船舶引水费率、船舶系解缆费率、船舶停泊费率、船舶开关舱费率、船舶港务费率等。目前港口费率均采用中准费率(浮动费率)或市场费率。

2. 按港口费用的性质，可把港口费用分为港口劳务费和港口规费两大类

(1)港口劳务费是港口企业或服务单位向船舶或货物提供劳务和服务所收取的费用。包括货物装卸费、货物保管费、货物驳运费、拖轮费、联运货物换装包干费、机械使用费、起货机工力费、堆场使用服务费、船舶洗舱费、清舱服务费、船舶引水费、移泊费、解系缆费、开关舱费等。

(2)港口规费则是政府规定的船舶和货物必须要缴纳的费用。包括船舶港务费、货物港务费、航道养护费、船舶停泊费、港口建设费等。

二、水路货物运输费用计算

1. 组合基价是指由航行基价和停泊基价组合而成的货运基本价格。它是递远递减运价的基础。

组合基价 = 航行基价 × 里程 + 停泊基价 (元/t)

2. 航行基价 =(航行成本 + 利润 + 税金)/计划期换算周转量 [元/(tokm)]

3. 停泊基价 =(停泊成本 + 利润 + 税金)/计划期换算货运量 (元/t)

☞ 任务操作

魏小刚在处理水路货物运输费用时，主管让魏小刚核算运输单上面的运费，请你帮助魏小刚计算这批货物的运费，这批货物具体情况如下：

某公司出口商品到科威特1000箱，每箱体积为40×30×20厘米，毛重为30千克。查船运公司运价表，该商品运费计算标准为M/W，等级为10级，查中国至科威特为海湾航线10级商品按每公吨收费222港元，燃油附加费26%。计算这批商品运费。

步骤一：确定运费计算标准

根据计费单位为“W/M”的按货物的重量吨和体积吨中择大计算标准。

商品总体积 = 1000 ×(40 × 30 × 20)= 24(m^3)

商品总重量 = 1000 × 30 公斤 = 30(公吨)

24 < 30，M < W

因此，应按重量计算。

步骤二：计算运费

由此可知，

运费 = 运费吨 × 基本运费价 ×(1 + 附加费率)

= 222 ×(1 + 26%)× 30

= 8391.60(港元)

步骤三：核对运单运费

最后，核对运输单上面的运费总额与计算出来的结果是否一致，一致则无误；若核对结果有误，则做好登记，查明原因并及时改正。

☞ 任务评分

班级			姓名		小组		
任务名称		水路货物运费计算					
考核内容		评价标准	参考分值(100)	学生自评	小组互评	教师评价	考核得分
职业素养情况	1	具有良好的沟通能力	5				
	2	具有信息搜集能力	5				
	3	在任务实施过程中具有较强的总结能力	10				
知识掌握情况	4	掌握水路货物运价的类型	15				
	5	掌握水路货物运输费用的计算方法	15				
能力提升情况	6	能够根据水路货物运价的要求区分货物的不同运价	10				
	7	能够熟练地计算水路货物运输的费用	10				
	8	能够主动搜集所需信息，进行自主学习	10				
参与活动情况	9	积极参与任务实施	5				
	10	积极参与小组讨论	5				
	11	积极回答老师提问	10				
小计							
合计 = 自评 * 20% + 互评 * 40% + 教师评 * 40%							

☞ 知识考核

1. 上海有一批棉布和五金制品要运往芜湖。棉布重 80 吨，其体积为 120 立方米，五金制品重 350 吨，采用驳船运输。已知上海至芜湖的运价里程为 488 公里，从水路货物运输运价分级表中查得棉布为 1 级，五金制品为 5 级，因此可确定棉布的运价率为 4.93 元/W/M；五金制品的运价率为 6.60 元/W/M。

请计算该批货物的运费。

2. 某轮船从上海装运 10 吨，共计 11.3 立方米蛋制品，到英国普利芬斯港，要求直航。

经查货物分级表可知，蛋制品是 10 级，计算标准是 W/M。查中国 – 欧洲地中海航线等级费率表得知，10 级货物的基本费率为 116 元/吨。经查附加费率表可知，普利芬斯港直航附加费每计费吨位 18 元，燃油附加费为 35%。

请计算该批货物的运输费用。

模块八 航空货物运输操作实务 8

▶学习要点

1. 掌握航空运输的基本概念和优缺点；
2. 掌握主要的国际航空货物运输方式；
3. 掌握国际航空货物运输业务流程；
4. 掌握航空运单的概念、种类、作用；
5. 掌握航空运单的填写规定；
6. 掌握航空运费的计算方法。

▶案例导入

魏小刚在了解了水路货物运输相关操作后，继续跟着运输主管学习，了解航空货物运输的基础知识、国际航空货物运输的作业流程、航空运单的填制以及航空货物运输运费的计算。

任务一　认知航空货物运输

☞任务目的

1. 熟悉航空运输的基本概念；
2. 掌握航空运输的优点；
3. 掌握航空运输的缺点；
4. 能够根据航空运输的优缺点确定货物是否适合航空运输。

☞ 任务内容

通过上一模块的学习，魏小刚基本上掌握了水路货物运输操作的主要知识。运输主管对魏小刚认真学习的态度非常的满意。接下来，主管让魏小刚继续学习航空货物运输的相关知识。首先，主管希望魏小刚可以自己花时间学习航空货物运输的基础知识。魏小刚该如何完成这项任务呢？

☞ 任务准备

计算机、互联网

☞ 任务分工

岗位	岗位职责	主要内容	技能要求与基本素质	对应人员
岗前了解	无	了解航空货物运输。	了解航空货物运输的基本概念； 了解铁航空货物运输的种类； 熟知航空货物运输的优缺点。	魏小刚

☞ 任务资讯

一、航空货物运输的概念

航空货物运输即指一国的提供者向他国消费者提供航空飞行器运输货物并获取收益的活动。航空货物运输为国际贸易中的贵重物品、鲜活货物和精密仪器运输所不可缺。如图8－1所示。

图 8-1　航空货物运输

二、航空货物运输的优点

如图 8-2 所示。

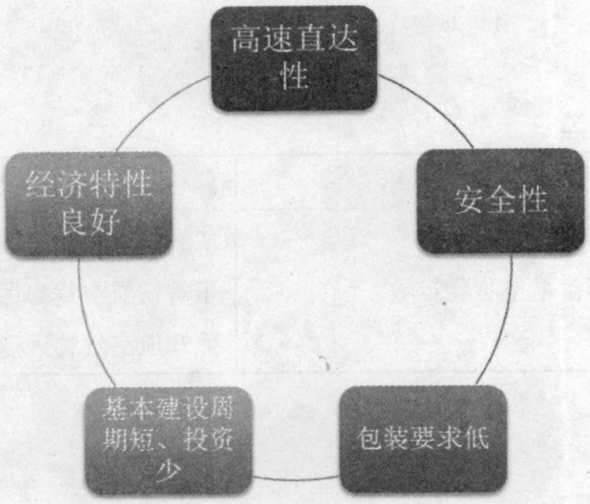

图 8-2　航空货物运输优点

（一）高速直达性

高速直达性是航空货物运输的特点。由于在空中较少受到自然条件的限制，因而航空线一般是两点间的最短距离。这样，航空货物运输能够实现两点间的高速、直达运输，尤其在远程直达上更体现其优势。

（二）安全性

随着人类科学技术的进步，在不断对飞机进行技术革新的同时，维修技术也得到了提高，这些都加强了航空运输的安全性。而航行支持设施，更提高了航空运输的安全性。尽管飞行事故会出现机毁人亡，但按单位货运周转量或单位飞行时间损失率来衡量，航空货物运输的安全性是很高的。

（三）经济特性良好

尽管从经济方面来讲，航空运输的成本以及运价均高于铁路和水运，是一种价格较高的运输方式，一般不如其他运输方式普及。但考虑时间的价值，航空货物运输又有其独特的经济价值。因此，随着经济发展，人均收入水平的提高以及时间价值的提高。航空货物运输在运输中的比例呈上升趋势。

（四）包装要求低

货物空运的包装要求通常比其他运输方式要低。在空运时，用一张塑料薄膜拖住托盘与货物的并不少见。空中航行的平稳性和自动着陆系统减少了货损的比率，因此可以降低包装成本。

（五）基本建设周期短、投资少

要发展航空货物运输，从设备条件上讲，只要添置飞机和建设机场即可基本满足。这与修铁路和公路相比，建设周期短、占地少、投资省、收获快。

三、航空运输的缺点

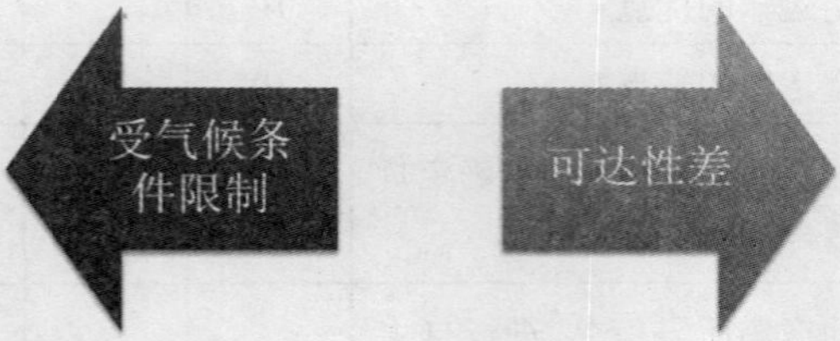

（一）受气候条件限制

因飞行条件要求高，航空运输在一定程度上受到自然条件的限制，而从一定程度上影响运输的准确性和正常性。

（二）可达性差

通常条件下，航空运输难以实现客货的门到门运输，必须借助其他运输工具转运。

☞ 任务操作

步骤一:区别航空运输优缺点

在班上选出四名学生到黑板上填写航空运输优点和缺点对比表，如下表所示。

	优点	缺点
1		
2		
3		
4		
5		
6		

步骤二:讲解与点评

四名学生填写完后，其他学生觉得他们填写的内容有可以补充或错误之处的可以自行到黑板上修改。最后由老师进行点评。

☞ 任务评分

班级			姓名		小组		
任务名称		认知航空货物运输					
考核内容		评价标准	参考分值(100)	学生自评	小组互评	教师评价	考核得分
职业素养情况	1	具有良好的沟通能力	5				
	2	具有信息搜集能力	5				
	3	在任务实施过程中具有较强的总结能力	10				
知识掌握情况	4	熟悉航空运输的基本概念	10				
	5	掌握航空运输的优点	10				
	6	掌握航空运输的缺点	10				
能力提升情况	7	能够根据航空运输的优缺点确定货物是否适合航空运输	20				
	8	能够主动搜集所需信息,进行自主学习	10				
参与活动情况	9	积极参与任务实施	5				
	10	积极参与小组讨论	5				
	11	积极回答老师提问	10				
小计							
合计 = 自评 * 20% + 互评 * 40% + 教师评 * 40%							

☞ 知识考核

一、单选题

1. 下列通常不属于航空货物运输范围的是(　　)。

A. 价值低廉物品　　B. 贵重物品

C. 鲜活货物　　D. 精密仪器

2. 下列关于航空货物运输的优点，错误的是(　　)。

A. 高速直达性　　B. 安全性

C. 经济特性良好　　D. 包装要求高

3. 航空运输和水运共同的优点是(　　)。

A. 受自然条件影响较小　　B. 运输成本高

C. 污染较高　　D. 建设投资少

二、多选题

下列关于，航空货物运输的缺点，正确的是(　　)。

A. 受气候条件限制　　B. 可达性差

C. 建设投资少　　D. 建设周期长

三、判断题

1. 航空货物运输是指一国的提供者向他国消费者提供航空飞行器运输货物并获取收益的活动。(　　)

2. 尽管飞行事故会出现机毁人亡，但按单位货运周转量或单位飞行时间损失率来衡量，航空货物运输的安全性是很高的。(　　)

3. 因为航空运输的成本以及运价均高于铁路和水运，所以航空运输是一种经济特性较差的运输方式。(　　)

4. 航空货物运输能够实现两点间的高速、直达运输，但无法实现门到门式的运输。(　　)

任务二　国际航空货物运输作业

☞ 任务目的

1. 掌握主要的国际航空货物运输方式；
2. 掌握国际航空货物运输出口业务流程；
3. 掌握国际航空货物运输进口业务流程；
4. 能够独立操作国际航空货物运输的作业流程。

☞任务内容

魏小刚在学习了航空货物运输的基本知识后，运输主管让魏小刚跟着航空部的员工一起学习航空货物运输作业流程，魏小刚该如何完成这项任务呢？

☞任务准备

计算机、互联网

☞ 任务分工

岗位	岗位职责	主要内容	技能要求与基本素质	对应人员
岗前了解	无	了解国际航空货物运输作业。	了解主要的国际航空货物运输方式； 熟知国际航空货物运输出口业务流程； 熟知国际航空货物运输进口业务流程； 熟知国际航空货物运输的作业流程。	魏小刚
航空业务员	航空货物调度。	根据客户需求和实际货物情况，为客户安排航班，并完成航空货物运输的相关作业。	熟练操作航空货物运输各作业流程； 具备吃苦耐劳的精神；具有团队合作精神。	魏小刚

☞ 任务资讯

一、国际航空货物运输方式

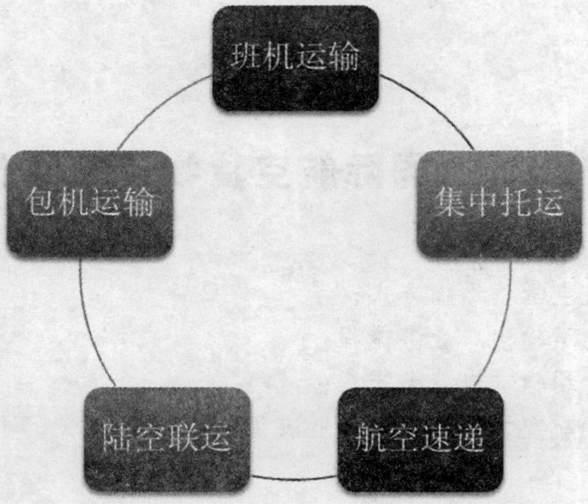

（一）班机运输

班机运输是指在固定等高线上定期航行的航班，即固定始发站、目的站和途经站的飞机。收发货人可以准确地掌握启运和到达时间，保证货物能够安全迅速地运送到世界各地投入市场，所以颇受贸易界的欢迎。

（二）包机运输

包机运输是指航空公司按照约定的条件和费率，将整架飞机租给一个或若干个包机人，从一个或几个航空站装运货物至指定目的地。当货物批量较大，而班机不能满足需要时，一般就采用包机运输。这种包机方式适合于一吨以上但不足整机的货物。

（三）集中托运

集中托运方式是指航空货运代理公司把若干批单独发运的货物组成一整批，向航空公司办理托运，采用一份总运单集中发运到同一到站，或者运到某一预定的到站，由航空货运代理公司到目的地指定的代理收货，然后再报关并分拨给各实际收货人的运输方式。

这种集中托运业务在国际航空运输业中开展比较普遍，也是航空货运代理的主要业务之一。

（四）陆空联运

陆空联运是指以包括空运在内的两种以上的运输方式结合的运输。

（五）航空速递

航空速递又称快件、快运或快递业务，是指具有独立法人资格的企业将进出境的货物或物品从发件人所在地通过自身或代理的网络运达收件人的一种快速运输方式。

二、国际航空货物运输出口业务流程

如图 8－6 所示。

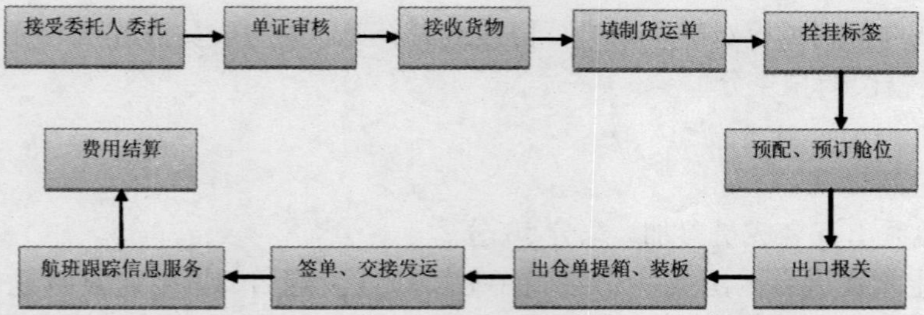

图 8－6　国际航空货物运输出口业务流程

航空运输公司根据实际情况安排航班和舱位。航空舱位销售的原则：

1. 保证有固定舱位配额的货物；
2. 保证邮件、快件舱位；
3. 优先预定运价较高的货物舱位；
4. 保留一定的零散货物舱位；
5. 为订舱的货物按交运时间的先后顺序安排舱位。

订舱后，航空公司签发舱位确认书（舱单），同时给予装货集装器领取凭证，以表示舱位订妥。

三、国际航空货物运输进口业务流程

如图 8－7 所示。

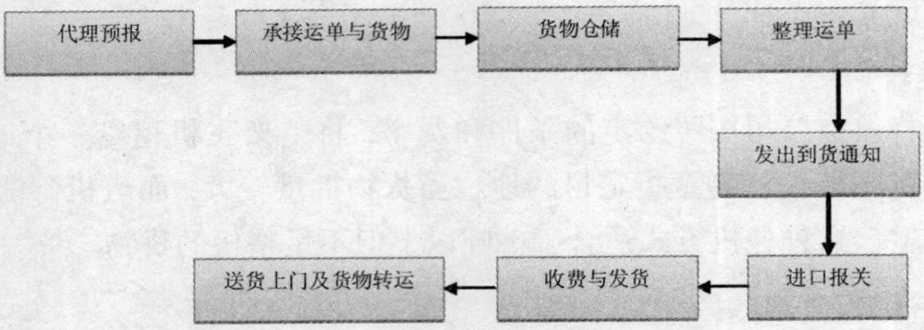

图 8－7　国际航空货物运输进口业务流程

航空货物运输进口业务流程，包括代理预报、承接运单与货物、货物仓储、整理运单、发出到货通知、进口报关、收费与发货、送货上门及货物转运等业务，航空公司有关部门业务人员重点须做好下列工作：

1. 交接运单与货物；

2. 收取费用与发放货物；

3. 收取费用。

☞ 任务操作

步骤一：画图竞赛

1. 把班上学生分为两个小组，两个小组之间进行抽签决定所需画的流程图，总分 50 分。

2. 根据抽签结果，每个小组一名代表到黑板上画流程图，时间为三分钟。在三分钟内没有完成的扣 5 分，每错一个扣 2 分。

3. 小组成员自行到黑板对流程图进行修改或者补充，小组成员修改或补充正确的一个地方加 4 分，修改错误的扣 4 分。

步骤二："一站到底"

1. 每个小组派出五名成员参加，总分 50 分。

2. 10 名学生站在讲台上围成一个圈，首先教师宣读题目，学生认真听题。在教师宣布"开始抢答"学生才可以举手抢答。获得抢答权的学生进行回答，回答正确继续留下，回答错误退出比赛。依次循环换，剩下的五名学生各为本队加 10 分。

步骤三：颁发奖品

最后，教师进行分数累加，得分高的小组胜出，获胜小组可以取得神秘小礼物。

☞ 任务评分

班级			姓名		小组		
任务名称		国际航空货物运输作业					
考核内容		评价标准	参考分值(100)	学生自评	小组互评	教师评价	考核得分
职业素养情况	1	具有良好的沟通能力	5				
	2	具有信息搜集能力	5				
	3	在任务实施过程中具有较强的总结能力	10				
知识掌握情况	4	掌握主要的国际航空货物运输方式	10				
	5	掌握国际航空货物运输出口业务流程	10				
	6	掌握国际航空货物运输进口业务流程	10				
能力提升情况	7	能够独立操作国际航空货物运输的作业流程	20				
	8	能够主动搜集所需信息,进行自主学习	10				
参与活动情况	9	积极参与任务实施	5				
	10	积极参与小组讨论	5				
	11	积极回答老师提问	10				
小计							
合计 = 自评 * 20% + 互评 * 40% + 教师评 * 40%							

☞ 知识考核

一、单选题

1. 下列不属于国际航空货物运输方式的有(　　)。

A. 零担运输　　B. 包机运输和集中托运

C. 陆空联运和航空速递　　D. 班机运输

2. 包机方式适合于(　　)的货物运输。

A. 2 吨以上且整机　　B. 2 吨以上但不是整机

C. 1 吨以上且整机　　D. 1 吨以上但不足整机

二、多选题

1. 航空运输公司销售航空舱位的原则包括(　　)。

A. 保证有固定舱位配额的货物　　B. 保证邮件、快件舱位

C. 优先预定运价较高的货物舱位　　D. 保留一定的零散货物舱位

2. 下列属于国际航空货物运输出口业务流程的是(　　)。

A. 接受委托人委托　　B. 接收货物

C. 预配、预订舱位　　D. 出仓单提箱、装板

3. 下列属于国际航空货物运输进口业务流程的是(　　)。

A. 承接运单与货物　　B. 整理运单

C. 发出到货通知　　D. 送货上门及货物转运

三、判断题

1. 班机运输是指在固定等高线上定期航行的航班，即固定始发站、目的站和途经站的飞机。(　　)

2. 陆空联运是指将不包括空运在内的两种以上的运输方式结合的运输。(　　)

3. 当货物批量较大，而班机不能满足需要时，一般采用包机运输。(　　)

任务三　航空运单的填制

☞ 任务目的

1. 熟悉航空运单基本概念；
2. 掌握航空运单的种类；
3. 掌握航空运单的作用；
4. 掌握航空运单的填写规定；
5. 能够独立填写航空运单。

☞ 任务内容

魏小刚在上一个任务中，学习了国际航空货物运输的作业流程。接下来，运输主管让魏小刚指导客户填写航空运单。魏小刚该如何完成这项任务呢？

☞ 任务准备

计算机、互联网

☞ 任务分工

岗位	岗位职责	主要内容	技能要求与基本素质	对应人员
岗前了解	无	了解航空运单的填制。	了解航空运单基本概念； 了解航空运单的种类； 熟知航空运单的填写规定。	魏小刚
航空客服	填制航空运输单证。	根据客户需求，指导客户填写航空货物运输单证。	熟练的掌握航空运输单证的填写规定。 具备吃苦耐劳的精神； 具有团队合作精神。	魏小刚

☞ 任务资讯

一、航空运单概述

航空运单是承运人与托运人之间签订的运输契约，也是承运人或其代理人签发的货物收据。航空运单还可作为核收运费的依据和海关查验放行的基本单据。但航空运单不能代替航空公司的提货通知单。在航空运单的收货人栏内，必须详细填写收货人的全称和地址，而不能做成指示性抬头。如图 8－8 所示。

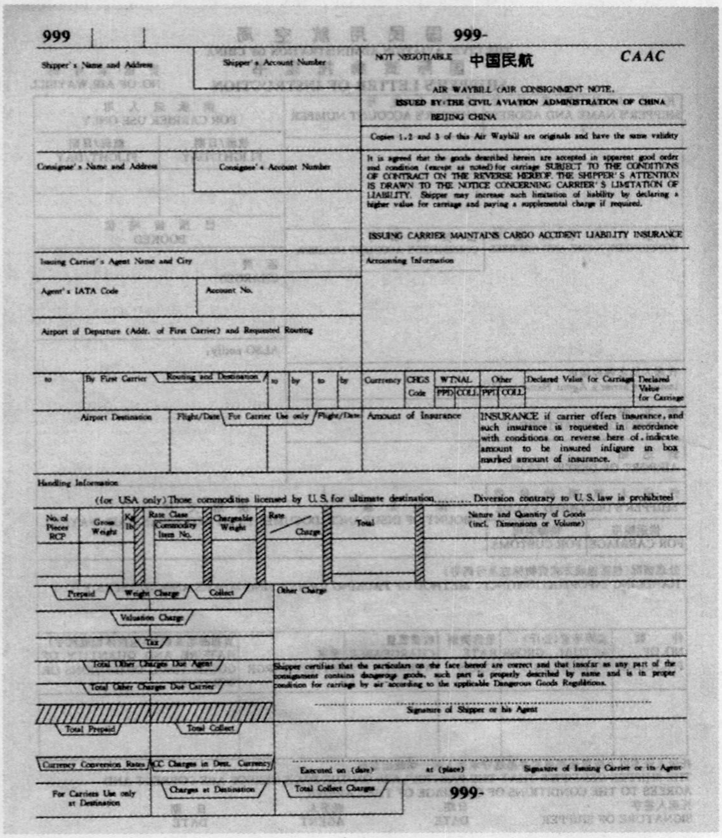

图 8－8　航空运单

二、航空运单的种类

(一)航空货运主运单(Master Air Way Bill, MAWB)

航空主运单是由航空公司签发的航空货运单，是航空公司据以办理货物运输和交付的依据，是航空公司和托运人订立运输合同的证明。航空主运单，从格式上分为航空公司负责印制的显示航空公司标识的货运单和由 IATA 负责印制的不显示航空公司标识的货运单(即中性货运单)两种。此两种货运单具有相同的作用和性质，但在这两种不同的货运单在航空公司与货运代理之间进行运费结算的渠道有所不同。

(二)航空货运分运单(House Air Way Bill, HAWB)

航空分运单是航空货运代理签发给各委托人的货物收据及提货凭证。

三、航空运单的作用

1. 航空运单是发货人与航空承运人之间的运输合同。与海运提单不同，航空运单不仅证明航空运输合同的存在，而且航空运单本身就是发货人与航空运输承运人之间缔结的货物运输合同，在双方共同签署后产生效力，并在货物到达目的地交付给运单上所记载的收货人后失效。

2. 航空运单是承运人签发的已接收货物的证明，航空运单也是货物收据，在发货人将货物发运后，承运人或其代理人就会将其中一份交给发货人(即发货人联)，作为已经接收货物的证明。除非另外注明，它是承运人收到货物并在良好条件下装运的证明。

3. 航空运单是承运人据以核收运费的帐单，航空运单分别记载着属于收货人负担的费用，属于应支付给承运人的费用和应支付给代理人的费用，并详细列明费用的种类。

4. 航空运单是报关单证之一:出口时航空运单是报关单证之一。在货物到达目的地机场进行进口报关时，航空运单也通常是海关查验放行的基本单证。

5. 航空运单同时可作为保险证书:如果承运人承办保险或发货人要求承运人代办保险，则航空运单也可用来作为保险证书。

6. 航空运单是承运人内部业务的依据:航空运单随货同行，证明了货物的身份，运单上载有有关该票货物发送、转运、交付的事项，承运人会据此对货物的运输做出相应安排。

四、航空运单的构成

航空货运单应当包括的内容由国务院民用航空主管部门规定，至少应当包括以下内容:

1. 出发地点和目的地点。

2. 出发地点和目的地点均在中华人民共和国境内，而在境外有一个或者数个约定的经停地点的，至少注明一个经停地点。

3. 货物运输的最终目的地点、出发地点或约定的经停地点不在中华人民共和国境内的，依照所适用的国际航空运输公约的规定，应当在货运单上声明此项运输所适用的公约。

航空主运单和分运单的区别是:在集中托运的情况下航空主运单是航空公司与集中托运人之间的货物运输合同，分运单是集中托运人与托运人之间订立的运输合同。

五、航空运单的填写规定

1. 航空货运单一般应使用英文大写字母、用电脑打制。各栏内容必须准确、清楚、齐全，不得随意涂改。

2. 货运单已填好内容在运输过程中需要修改时，必须在修改项目的近处盖章注明修改。修改货运单时，应将所有剩余的各联一同修改。

3. 在始发站货物运输开始后，货运单上的“运输声明价值(Declared Value for Carriage)”一栏的内容不得再做任何修改。

4. 每批货物必须全部收齐后，方可填开货运单，每一批货物或集合运输的货物均填写一份货运单。如表 8－1 所示。

表 8－1　　　　　　　　　　　　航空运单填制

<table>
<tr><td colspan="14"></td></tr>
<tr><td colspan="2">Shipper's Name and Address</td><td colspan="4">Shipper's Account Number</td><td colspan="8" rowspan="2">Not Negotiable
Air Waybill
Issued by
中国南方航空公司</td></tr>
<tr><td colspan="6" rowspan="2">SICHUAN DELE TRADING CO., LTD.
NO. 4－703 AUSTRALIA SUN BUILDING, MACQUARIE GARDEN, SOUTH DAGU ROAD, SICHUAN, CHINA.</td></tr>
<tr><td colspan="8">Copies 1, 2 and 3 of this Air Waybill are originals and have the same validity.</td></tr>
<tr><td colspan="2">Consignee's Name and Address</td><td colspan="4">Consignee's Account Number</td><td colspan="8" rowspan="4">It is agreed that the goods described herein are accepted in apparent good order and condition (except as noted) for carriage SUBJECT TO THE CONDITIONS OF CONTRACT ON THE REVERSE HEREOF. ALL GOODS MAY BE CARRIED BY ANY OTHER MEANS INCLUDING ROAD OR ANY OTHER CARRIER UNLESS SPECIFIC CONTRARY INSTRUCTIONS ARE GIVEN HEREON BY THE SHIPPER, AND SHIPPER AGREES THAT THE SHIPMENT MAY BE CARRIED VIA INTERMEDIATE STOPPING PLACES WHICH THE CARRIER DEEMS APPROPRIATE. THE SHIPPER'S ATTENTION IS DRAWN TO THE NOTICE CONCERNING CARRIER'S LIMITATION OF LIABILITY. Shipper may increase such limitation of liability by declaring a higher value for carriage and paying a supplemental charge if required.</td></tr>
<tr><td colspan="6">PEOPLES SPORTING GOODS & MDSG. CORP</td></tr>
<tr><td colspan="6">Issuing Carrier's Agent Name and City</td></tr>
<tr><td colspan="6" rowspan="2">PEOPLES SPORTING GOODS & MDSG. CORP</td></tr>
<tr><td colspan="8">Accounting Information</td></tr>
<tr><td colspan="2">Agent's IATA Code</td><td colspan="4">Account No.</td><td colspan="8" rowspan="4">FREIGHT PREPAID</td></tr>
<tr><td colspan="6"></td></tr>
<tr><td colspan="6">Airport of Departure (Addr. of First Carrier) and Requested Routing</td></tr>
<tr><td colspan="6">BEIJING AIRPORT</td></tr>
<tr><td rowspan="2">To</td><td colspan="5">Routing and Destination</td><td rowspan="2">Currency</td><td rowspan="2">CHGS Code</td><td colspan="2">WT/VAL</td><td colspan="2">OTHER</td><td rowspan="2">Declared Value for Carriage</td><td rowspan="2">Declared Value for Customs</td></tr>
<tr><td>By First Carrier</td><td>to</td><td>by</td><td>to</td><td>by</td><td>PPD</td><td>COLL</td><td>PPD</td><td>COLL</td></tr>
<tr><td>CPK</td><td>CZ</td><td></td><td></td><td></td><td></td><td>USD</td><td></td><td></td><td>PP</td><td></td><td>PP</td><td>N. V. D</td><td></td></tr>
</table>

续表

Airport of Destination	Requested Flight/Date	Amount of Insurance	INSURANCE – if carrier offers insurance and such insurance is requested in accordance with the conditions thereof, indicate amount to be insured in figures in box marked Amount of Insurance
MANILA	CZ377 / 3 JUN		

Handling Information	SCI

These commodities, technology or software were exported from the United States in accordance with the Export Administration Regulations. Diversion contrary to USA law prohibited.

No. of Pieces RCP	Gross Weight	Rate Class	Commodity Item NO.	Chargeable Weight	Rate/ Charge	Total	Nature and Quantity of Goods (incl. Dimensions or Volume)
1	2809KGS			2496KGS			

Prepaid	Weight Charge	Collect	Other Charges
Valuation Charge			
Tax			
Total Other Charges Due Agent			Shipper certifies that the particulars on the face hereof are correct and that insofar as any part of the consignment contains dangerous goods, such part is properly described by name and is in proper condition for carriage by air according to the applicable Dangerous Goods Regulations.
Total Other Charges Due Carrier			
			Signature of Shipper or his Agent

Total Prepaid	Total Collect			
Currency Conversion Rates	CC Charges in Dest. Currency			
		Executed on (date)	at (place)	Signature of Issuing Carrier or its Agent
For Carriers Use only at Destination	Charges at Destination	Total Collect Charges		

ORIGINAL 1 (FOR CARRIER)

☞ 任务操作

学生以小组为单位，根据以下任务完成国内航空运单的填写。

M 货运代理公司承接的主要航空运输项目是将鲜花从广州运往北京，主要有玫瑰、月季、康乃馨等，为确保鲜花经过空中之旅后保持娇嫩鲜艳。

M 货运代理公司广州办事处与南航货运联合订制方案：优先提供舱位、优先出仓处理、优先分拣交付，安排鲜花货物随到随走、随到随取，使广州花城的鲜花早上 8 点从白云机场起飞，下午 1 点多出现在北京等花市时，依然娇艳欲滴。具体托运信息如表 8－2 所示。

表 8－2　　托运信息

运单号	YD201202081
托运人	广州艾薇鲜花公司（联系人：赵城；联系电话：020－62698607，地址：广州市中山大道西 1 号；邮编：510140）
托运货物	包装方式为箱的鲜花
货物详情	货物名称：鲜花；　数量：1 箱；　件数：50 件；　样品实际重量为 25KG，每箱体积尺寸为 70cm×60cm×50cm，规格：50 件/箱
收货人	北京市美欣商贸有限公司（联系人：于海平；联系电话：0371－7175507078，地址：北京市朝阳区东单北大街 82 号；邮编：450000）
托运要求	要求 2013 年 10 月 11 日前到达目的地
计费重量	35kg
实际重量	25kg
运费	人民币 572 元；其他费用（燃油附加费）人民币 85.8 元
支付方式	托运人预付
投保	货值为 12000 元，保险费率为货值的 0.06%

☞ 任务评分

班级			姓名		小组		
任务名称		航空运单的填制					
考核内容		评价标准	参考分值(100)	学生自评	小组互评	教师评价	考核得分
职业素养情况	1	具有良好的沟通能力	5				
	2	具有信息搜集能力	5				
	3	在任务实施过程中具有较强的总结能力	10				
知识掌握情况	4	熟悉航空运单基本概念	10				
	5	掌握航空运单的种类	10				
	6	掌握航空运单的作用	10				
	7	掌握航空运单的填写规定	10				
能力提升情况	8	能够独立填写航空运单	10				
	9	能够主动搜集所需信息,进行自主学习	10				
参与活动情况	10	积极参与任务实施	5				
	11	积极参与小组讨论	5				
	12	积极回答老师提问	10				
小计							
合计 = 自评 * 20% + 互评 * 40% + 教师评 * 40%							

☞ 知识考核

一、单选题

1. 下列关于航空运单的说法，错误的是(　　)。

A. 航空运单是承运人与托运人之间签订的运输契约

B. 航空运单承运人或其代理人签发的货物收据

C. 航空运单还可作为核收运费的依据和海关查验放行的基本单据

D. 航空运单是代表航空公司的提货通知单

2. 下列关于航空运输主运单和分运单的说法，错误的是(　　)。

A. 两种货运单具有相同的作用

B. 两种货运单具有相同的性质

C. 在集中托运的情况下航空主运单是航空公司与集中托运人之间的货物运输合同，分运单是集中托运人与托运人之间订立的运输合同

D. 两种货运单在航空公司与货运代理之间进行运费结算的渠道相同

二、多选题

1. 航空运单的作用有(　　)。

A. 航空运单是发货人与航空承运人之间的运输合同

B. 航空运单是承运人签发的已接收货物的证明，也是货物收据

C. 航空运单是报关单证之一

D. 航空运单同时可作为保险证书

2. 航空运单可以分为(　　)。

A. 航空货运主运单

B. 航空货运分运单

C. 航空公司负责印制的、显示航空公司标识的货运单

D. 由 IATA 负责印制的不显示航空公司标识的货运单(即中性货运单)

三、判断题

1. 出发地点和目的地点均在中华人民共和国境内，而在境外有一个或者数个约定的经停地点的，至少注明一个经停地点。(　　)

2. 航空货运单一般应使用英文大写字母、用电脑打制。(　　)

3. 在集中托运的情况下航空分运单是航空公司与集中托运人之间的货物运输合同。(　　)

4. 在航空运单的收货人栏内，必须详细填写收货人的全称和地址，而不能做成指示性抬头。(　　)

任务四　航空货运费用计算

☞ 任务目的

1. 掌握国内货物计费重量；
2. 掌握国内货物运价种类；
3. 掌握航空运费的计算方法；
4. 掌握国际货物计费重量；
5. 能够计算国内外航空货运费用。

☞ 任务内容

在指导客户填写航空运单期间，魏小刚经常会接触到航空货物运输费用的计算问题，因此，运输主管让魏小刚自己学习这方面的知识。魏小刚该如何完成这项任务呢？

☞ 任务准备

计算机、互联网

☞ 任务分工

岗位	岗位职责	主要内容	技能要求与基本素质	对应人员
岗前了解	无	了解航空货运运费计算。	了解国内货物计费重量； 了解国内货物运价种类； 了解国际货物计费重量； 熟知航空运费的计算方法。	魏小刚
航空客服	计算和收取运输费用。	根据客户办理的航空货物运输业务，为客户计算和收取航空运输费用。	熟练计算航空货物运输费用； 准确、高效的完成费用的计算和收取； 具备严谨、吃苦耐劳的精神。	魏小刚

☞ 任务资讯

一、国内航空货物运输费用

（一）国内货物计费重量

计费重量是指用以计算货物航空运费的重量。可以是货物的实际重量，或者是货物的体积重量，或者是较高重量分界点的重量。

1. 实际毛重

(1) 包括货物包装在内的货物重量，国内运输中以千克为单位；

(2) 重量不足 1 千克的尾数四舍五入；

(3) 贵重物品的实际毛重以 0.1 千克为单位，0.1 千克以下四舍五入。

2. 体积重量

(1) 将货物的体积按照一定比例折合成的重量；

(2) 换算标准为每 6000 立方厘米折合为 1 千克；

(3) 体积重量(千克) = 货物体积(立方厘米) ÷6000(立方厘米/千克)

（二）国内货物运价种类

1. M：最低运费

2. N：45 千克以下普通货物运价

3. Q：45 千克以上普通货物运价

4. Q100、Q300

5. C：指定商品运价

6. S：等级货物运价

（三）航空运费的计算方法

1. 航空运费 = 货物计费重量 × 对应的货物运价；

2. 航空运费遵循“从低原则”；

3. 当货物计费重量接近某个重量分界点的重量时，将计费重量和对应的货物运价所计算出的航空运费与该重量分界点的重量和对应的货物运价计算出的航空运费相比较，取其低者。

4. 国内航空运输运费计算分为:

(1)普通货物最低运费计算

(2)普通货物重量分界点计算

(3)普通货物体积重量和分界点运价计算

(4)指定商品运价计算

(5)等级运价计算(特种货物、贵重物品、特种货物、鲜活易腐物)

二、国际航空货物运输费用

(一)国际货物计费重量

1. 千克:以0.5千克为单位。小数点后不足0.5千克,进到0.5千克;大于0.5千克,进到1千克。

例如:100.001kgs——100.5kgs;100.501kgs——101.0kgs

2. 磅:小数点后不足1磅,进到1磅。

3. 计算国际货物体积重量时,每6000立方厘米折合为1千克,或366立方英寸折合为1千克,或166立方英寸折合为1磅。

(二)国际货物运价术语解释

1. Volume:体积

2. Volume Weight:体积重量

3. Gross Weight: 实际重量

4. Chargeable Weight:计费重量

5. Applicable Rate:适用运价

6. Weight Charge:航空运费

☞ 任务操作

魏小刚在处理航空运输费用时,运输主管让魏小刚核算运输单上面的运费,请你帮助魏小刚计算该批货物的运费,这批货物具体情况如下:

某公司空运出口一批商品(普货)供给115箱,每箱重15公斤,体积为40cm×44cm×60cm。从北京运往美国迈阿密。问该批货物的空运运费为多少?

(设M:11.81美元,N:28.65美元;Q:21.62美元;100kg:18.82美元;500kg:15.35美元;1000kg:15.00美元;2000kg:14.60美元)。

步骤一:确定货物重量

该批货物的实际毛重为15kg×115=1725kg

体积重量为41cm×44cm×60÷6000m^3×115=2024kg

重量和体积之比为1725<2024,因此根据体积重量计算运费。

步骤二:计算运费

运费=14.6×2024=29550(美元)

步骤三:核对运单运费

最后，核对运输单上面的运费总额与计算出来的结果是否一致，一致则无误;若核对结果有误，则做好登记，查明原因并及时改正。

☞ 任务评分

<table>
<tr><td colspan="2">班级</td><td></td><td>姓名</td><td colspan="2"></td><td>小组</td><td colspan="2"></td></tr>
<tr><td colspan="2">任务名称</td><td colspan="7">航空货运费用计算</td></tr>
<tr><td colspan="2">考核内容</td><td>评价标准</td><td>参考分值(100)</td><td>学生自评</td><td>小组互评</td><td>教师评价</td><td colspan="2">考核得分</td></tr>
<tr><td rowspan="3">职业素养情况</td><td>1</td><td>具有良好的沟通能力</td><td>5</td><td></td><td></td><td></td><td colspan="2"></td></tr>
<tr><td>2</td><td>具有信息搜集能力</td><td>5</td><td></td><td></td><td></td><td colspan="2"></td></tr>
<tr><td>3</td><td>在任务实施过程中具有较强的总结能力</td><td>10</td><td></td><td></td><td></td><td colspan="2"></td></tr>
<tr><td rowspan="4">知识掌握情况</td><td>4</td><td>掌握国内货物计费重量</td><td>10</td><td></td><td></td><td></td><td colspan="2"></td></tr>
<tr><td>5</td><td>掌握国内货物运价种类</td><td>5</td><td></td><td></td><td></td><td colspan="2"></td></tr>
<tr><td>6</td><td>掌握航空运费的计算方法</td><td>10</td><td></td><td></td><td></td><td colspan="2"></td></tr>
<tr><td>7</td><td>掌握国际货物计费重量</td><td>5</td><td></td><td></td><td></td><td colspan="2"></td></tr>
<tr><td rowspan="3">能力提升情况</td><td>8</td><td>能够计算国内航空货运费用</td><td>10</td><td></td><td></td><td></td><td colspan="2"></td></tr>
<tr><td>9</td><td>能够计算国际航空货运费用</td><td>10</td><td></td><td></td><td></td><td colspan="2"></td></tr>
<tr><td>10</td><td>能够主动搜集所需信息,进行自主学习</td><td>10</td><td></td><td></td><td></td><td colspan="2"></td></tr>
<tr><td rowspan="3">参与活动情况</td><td>11</td><td>积极参与任务实施</td><td>5</td><td></td><td></td><td></td><td colspan="2"></td></tr>
<tr><td>12</td><td>积极参与小组讨论</td><td>5</td><td></td><td></td><td></td><td colspan="2"></td></tr>
<tr><td>13</td><td>积极回答老师提问</td><td>10</td><td></td><td></td><td></td><td colspan="2"></td></tr>
<tr><td colspan="4">小计</td><td></td><td></td><td></td><td colspan="2"></td></tr>
<tr><td colspan="4">合计 = 自评 * 20% + 互评 * 40% + 教师评 * 40%</td><td colspan="5"></td></tr>
</table>

☞ 知识考核

1. 托运人交运一件从沈阳运往上海的货物，毛重220.0千克，货物品名为仪器，包装为纸箱，尺寸为50cm×60cm×65cm×8，计算该票货物航空运费。(已知运价M为30.00元/千克，N为6.6元/千克，Q45运价为5.30元/千克，Q100运价为4.60元/千克，Q300运价为4.00元/千克)

2. 托运人交运一件从海口到长春的货物，毛重1.8千克，货物品名为天然珍珠，包装为木箱，尺寸为30cm×20cm×10cm×s1，计算该票货物航空运费。(已知运价M为30.00元/千克，N为13.20元/千克，Q45运价为10.60元/千克，Q100运价为9.20元/千克，Q300运价为7.90元/千克)

模块九 集装箱运输与多式联运实务 9

▶学习要点

1. 了解集装箱运输和多式联运的概念；
2. 掌握集装箱运输和多式联运的特点和分类；
3. 掌握集装箱货源组织；
4. 掌握集装箱运输作业和集装箱联运；
5. 掌握集装箱运输货物交接方式；
6. 掌握多式联运作业流程和多式联运合同。

▶案例导入

魏小刚在了解了航空货物运输相关操作后，继续跟着运输主管学习。了解集装箱运输与多式联运的基础知识、集装箱运输作业以及多式联运运输作业。

任务一　认知集装箱运输与多式联运

☞ 任务目的

1. 熟悉集装箱运输的基本概念；
2. 熟悉多式联运的基本概念；
3. 掌握集装箱运输的特点和分类；
4. 掌握多式联运的特点和分类；
5. 能根据集装箱运输和多式联运的特点选择合适的运输方式。

☞ 任务内容

通过上一模块的学习，魏小刚基本上掌握了航空货物运输操作的主要知识。运输主管对魏小刚认真学习的态度非常的满意。接下来，主管让魏小刚继续学习集装箱运输与多式联运的相关知识。首先，主管希望魏小刚可以自己花时间学习相关的基础知识。魏小刚该如何完成这项任务呢？

☞ 任务准备

计算机、互联网

☞ 任务分工

岗位	岗位职责	主要内容	技能要求与基本素质	对应人员
岗前了解	无	了解集装箱运输与多式联运。	了解集装箱运输与多式联运的基本概念； 了解集装箱运输与多式联运的特点和分类； 熟知集装箱运输与多式联运的优缺点。	魏小刚

☞ 任务资讯

一、集装箱运输

(一)集装箱运输概述

集装箱运输(Container transport)，是指以集装箱这种大型容器为载体，将货物集合组装成集装单元，以便在现代流通领域内运用大型装卸机械和大型载运车辆进行装卸、搬运作业和完成运输任务，从而更好地实现货物"门到门"运输的一种新型、高效率和高效益的运输方式。如图 9－1 所示。

图 9－1　集装箱运输

(二)集装箱运输的特点

1. 运输效益大

(1)简化包装，大量节约包装费用。为避免货物在运输途中受到损坏，必须有坚固的包装，而集装箱具有坚固、密封的特点，其本身就是一种极好的包装。使用集装箱可以简化包装，有的甚至无须包装，实现件杂货无包装运输，可大大节约包装费用。

(2)减少货损货差，提高货运质量。由于集装箱是一个坚固密封的箱体，集装箱本身就是一个坚固的包装。货物装箱并铅封后，途中无须拆箱倒载，一票到底，即使经过长途运输或多次换装，不易损坏箱内货物。集装箱运输可减少被盗、潮湿、污损等引起的货损和货差，深受货主和船公司的欢迎，并且由于货损货差率的降低，减少了社会财富的浪费，也具有很大的社会效益。

(3)减少营运费用，降低运输成本，由于集装箱的装卸基本上不受恶劣气候的影响，船舶非生产性停泊时间缩短，又由于装卸效率高，装卸时间缩短，对船公司而言，可提高航行率，降低船舶运输成本，对港口而言，可以提高泊位通过能力，从而提高吞吐量，增加收入。

2. 运输效率高

集装箱运输的实现全部机械化作业的高效率运输方式。将不同形状、尺寸的件杂货装入具有标准规格的集装箱内进行运输从根本上解决了现代化生产的标准化前提，为实现高效率的机械化作业创造了最为重要的条件。

3. 运输质量好

集装箱运输是保证运输货运质量、简化货物包装的运输方式。集装箱具有坚固密封的箱体，一般来说不易发生盗窃事故，且能防止恶劣天气对箱内货物的侵袭。运输和装卸过程中，与外界接触的是箱体而非货物，因而货物破损事故大为减少，对货物的包装要求也不像传统散运那样严格。

4. 便于多式联运

由于集装箱运输在不同运输方式之间换装时，无需搬运箱内货物而只需换装集装箱，这就提高了换装作业效率，适于不同运输方式之间的联合运输。在换装转运时，海关及有关监管单位只需加封或验封转关放行，从而提高了运输效率。

此外，由于国际集装箱运输与多式联运是一个资金密集、技术密集及管理要求很高的行业，是一个复杂的运输系统工程，这就要求管理人员、技术人员、业务人员等具有较高的素质，才能胜任工作，才能充分发挥国际集装箱运输的优越性。

5. 对协作的要求高

集装箱运输涉及面广、环节多、影响大，是一个复杂的运输系统工程。集装箱运输系统包括海运、陆运、空运、港口、货运站以及与集装箱运输有关的海关、商检、船舶代理公司、货运代理公司等单位和部门。如果互相配合不当，就会影响整个运输系统功能的发挥，如果某一环节失误，必将影响全局，甚至导致运输生产停顿和中断。因此，要求搞好整个运输系统各环节、各部门之间的高度协作。

(三)集装箱运输的分类

集装箱运输根据集装箱数量和方式可以分为整箱和拼箱两种。

1. 整箱(full container lod,FCL)

整箱是指货主将货物装满整箱之后，以箱为单位托运的集装箱。一般做法是由承运人将空箱运到工厂或者仓库后，货主把货装入箱内、加封、铅封后交给承运人，并取得站场收据，最后由站场收据换取提单。

2. 拼箱(less than contain load, LCL)

拼箱是指承运人或者代理人接受货主托运的数量不足以整箱的小票货物之后，根据货类性质和目的地进行分类、整理、集中、装箱、交货等工作均在承运人码头集装箱货运站(VFS)或者内陆集装箱运转站进行。

二、多式联运

(一)多式联运概述

多式联运是指使用多种运输方式，利用各种运输方式各自的内在经济，在最低的成本条件下提供综合性服务。这种设法把不同的运输方式综合起来的方式，也称作“一站式”的运输。最早的多式联运是铁路与公路相结合的运输方式，通常称作驮背式运输服务。现在，人们愈来愈强烈地意识到多式联运将成为一种重要的手段来提供有效高效的运输服务。如图9-2所示。

图 9-2　多式联运

（二）多式联运的特点

1. 根据多式联运的合同进行操作，运输全程中至少使用两种运输方式，而且是不同方式的连续运输。

2. 多式联运的货物主要集装箱货物，具有集装箱运输的特点。

3. 多式联运是一票到底，实行单一运费率的运输。发货人只要订立一份合同一次付费，一次保险，通过一张单证即可完成全程运输。

4. 多式联运是不同方式的综合组织，全程运输均是由多式联运经营人组织完成的。无论涉及几种运输方式，分为几个运输区段，由多式联运经营人对货运全程负责。

（三）多式联运的分类

根据不同的原则，对多式联运可以有多种分类形式。但就其组织方式和体制来说，基本上可分为协作式多式联运和衔接式多式联运两大类。

1. 协作式多式联运

协作式多式联运是指两种或两种以上运输方式的运输企业，按照统一的规章或商定的协议，共同将货物从接管货物的地点运到指定交付货物的地点的运输。

2. 衔接式多式联运

衔接式多式联运是指由一个多式联运企业（以下称多式联运经营人）综合组织两种或两种以上运输方式的运输企业，将货物从接管货物的地点运到指定交付货物的地点的运输。在实践中，多式联运经营人既可能由不拥有任何运输工具的国际货运代理、场站经营人、仓储经营人担任，也可能由从事某一区段的实际承运人担任。但无论如何，他都必须持有国家有关主管部门核准的许可证书，能独立承担责任。

☞任务操作

步骤一：课前准备

奖品（学习用品或零食）、10-15 个问题

步骤二:宣布规则

在班上选出10名学生参加比赛(10名学生站在讲台上围成一个圈),首先教师宣读题目,学生认真听题。在教师宣布"开始抢答"学生才可以举手抢答。获得抢答权的学生进行回答,回答正确继续留下,回答错误退出比赛。依次循环换,站到最后的两名学生获胜,教师颁发奖品。

步骤三:点评

最后由老师进行点评,并打分。

☞ 任务评分

<table>
<tr><td colspan="2">班级</td><td></td><td>姓名</td><td colspan="2"></td><td>小组</td><td colspan="2"></td></tr>
<tr><td colspan="2">任务名称</td><td colspan="7">认识集装箱运输与多式联运</td></tr>
<tr><td colspan="2">考核内容</td><td colspan="2">评价标准</td><td>参考分值(100)</td><td>学生自评</td><td>小组互评</td><td>教师评价</td><td>考核得分</td></tr>
<tr><td rowspan="3">职业素养情况</td><td>1</td><td colspan="2">具有良好的沟通能力</td><td>5</td><td></td><td></td><td></td><td></td></tr>
<tr><td>2</td><td colspan="2">具有信息搜集能力</td><td>5</td><td></td><td></td><td></td><td></td></tr>
<tr><td>3</td><td colspan="2">在任务实施过程中具有较强的总结能力</td><td>10</td><td></td><td></td><td></td><td></td></tr>
<tr><td rowspan="4">知识掌握情况</td><td>4</td><td colspan="2">熟悉集装箱运输的基本概念</td><td>10</td><td></td><td></td><td></td><td></td></tr>
<tr><td>5</td><td colspan="2">熟悉多式联运的基本概念</td><td>5</td><td></td><td></td><td></td><td></td></tr>
<tr><td>6</td><td colspan="2">掌握集装箱运输的特点和分类</td><td>10</td><td></td><td></td><td></td><td></td></tr>
<tr><td>7</td><td colspan="2">掌握多式联运的特点和分类</td><td>5</td><td></td><td></td><td></td><td></td></tr>
<tr><td rowspan="3">能力提升情况</td><td>8</td><td colspan="2">能够区别多式联运与其他运输方式</td><td>10</td><td></td><td></td><td></td><td></td></tr>
<tr><td>9</td><td colspan="2">能根据集装箱运输和多式联运的特点选择合适的运输方式</td><td>10</td><td></td><td></td><td></td><td></td></tr>
<tr><td>10</td><td colspan="2">能够主动搜集所需信息,进行自主学习</td><td>10</td><td></td><td></td><td></td><td></td></tr>
<tr><td rowspan="3">参与活动情况</td><td>11</td><td colspan="2">积极参与任务实施</td><td>5</td><td></td><td></td><td></td><td></td></tr>
<tr><td>12</td><td colspan="2">积极参与小组讨论</td><td>5</td><td></td><td></td><td></td><td></td></tr>
<tr><td>13</td><td colspan="2">积极回答老师提问</td><td>10</td><td></td><td></td><td></td><td></td></tr>
<tr><td colspan="5">小计</td><td></td><td></td><td></td><td></td></tr>
<tr><td colspan="5">合计 = 自评 * 20% + 互评 * 40% + 教师评 * 40%</td><td colspan="4"></td></tr>
</table>

☞ 知识考核

一、单选题

1. 根据集装箱数量和方式可以将集装箱运输分为(　　)。

A. 整箱和拼箱

B. 整箱和多式联运

C. 拼箱和多式联运

D. 普通货物运输和特种货物运输

2. 下列关于集装箱运输的特点，错误的是(　　)。

A. 运输质量好

B. 便于多式联运

C. 运输效率高

D. 对协作的要求低

3. 集装箱运输效益大主要体现在(　　)。

A. 包装简化，节约大量包装费用

B. 货损货差减少，货运质量提高

C. 营运费用减少，运输成本降低

D. 运输速度快

二、多选题

1. 就其组织方式和体制来说，多式联运可以分为(　　)。

A. 协作式多式联

B. 衔接式多式联

C. 定期租船运输

D. 包运租船运输

2. 下列关于多式联运的特点，正确的是(　　)。

A. 运输全程中至少使用两种运输方式，可以是相同方式的连续运输。

B. 多式联运的货物主要集装箱货物，具有集装箱运输的特点

C. 多式联运是一票到底，实行单一运费率的运输

D. 多式联运是不同方式的综合组织，全程运输均是由多式联运经营人组织完成的

三、判断题

1. 集装箱运输(Container transport)，是指以集装箱为载体，将货物集合组装成集装单元，以便在现代流通领域内运用大型装卸机械和大型载运车辆进行装卸、搬运作业和完成运输任务。(　　)

2. 在集装箱运输过程中，即使是装箱并铅封的货物，在途中仍须拆箱倒装。(　　)

3. 在实践中，多式联运经营人既可能由不拥有任何运输工具的国际货运代理、场站经营人、仓储经营人担任，也可能由从事某一区段的实际承运人担任。(　　)

任务二　集装箱运输作业

☞ 任务目的

1. 掌握集装箱货源组织；
2. 掌握集装箱运输作业；
3. 掌握集装箱联运；
4. 掌握集装箱运输货物交接方式；
5. 能够独立操作集装箱运输作业流程。

☞ 任务内容

魏小刚掌握了集装箱运输的基本知识后，运输主管让魏小刚跟着负责集装箱运输作业的同事一起学习相关的作业流程。魏小刚该如何完成这项任务呢？

☞ 任务准备

计算机、互联网

☞ 任务分工

岗位	岗位职责	主要内容	技能要求与基本素质	对应人员
岗前了解	无	了解集装箱运输作业。	了解集装箱货源组织； 了解集装箱运输货物交接方式； 熟知集装箱运输作业； 熟知集装箱运输作业流程。	魏小刚
集装箱调度员	集装箱调度。	根据客户需求和实际货物情况，为客户安排集装箱运输，并完成集装箱运输的相关作业。	熟练操作集装箱运输各作业流程； 具备吃苦耐劳的精神； 具有团队合作精神。	魏小刚

☞ 任务资讯

一、集装箱运输组织

（一）集装箱货源组织

1. 集装箱货源

集装箱的适箱货源，根据国家《关于发展我国集装箱运输若干问题的规定》中规定的适箱货为 12 个品类，即交电、仪器、小型机械、玻璃陶瓷、工艺品、印刷品及纸张、医药、烟酒食品、日用品，化工品、针纺织品和小五金等杂货、贵重、易碎、怕湿的货物均属于集装箱运输货物、集装箱货源从运输组织上分为整箱货和拼箱货两类。

整箱货是指发货人需单独使用一个集装箱的货物，整箱货是由发货人负责装箱计数并施封。拼箱货是指两个以上发货人货物拼装在一个集装箱内的货物，拼箱货的装卸作业由承运人或有关运输代理部门负责。

2. 日常货源组织工作

做好日常货源的组织工作，对于组织合理运输，充分利用现有设备能力有着十分重要的意义。日常货源组织对于货物的品种、数量、流向、时间上都有着一定的要求，对于不同品种的货物要详细了解其尺寸、外形、重量和需要的集装箱类型及数量等；在流向上要提出货物到站、港、以便组织拼装货；在时间上按照运输作业的需要进行货源的组织工作. 日常资源组织工作是一项十分重要又十分细致的工作，要产、运、销共同配合完成。

二、集装箱运输作业

集装箱运输作业，可以分为发送作业、中转作业和交付作业，以铁路集装箱运输作业流程为例：

(一)发送作业

发送作业是指在发站装运之前各项货运作业，包括集装箱承运前的组织工作和承运后至装运前的作业。具体包括货主要明确使用集装箱运输的条件及有关规定，如必须在指定的集装箱办理站，按站内规定承运日期办理、办理站受理、审核、装箱等。

(二)中转作业

集装箱运输除了由发站至到站的形式外，还有一部分集装箱还要经过中转才能至到站。中转站的任务是负责将到达中转站的集装箱迅速按去向、到站重新配装继续发往到站。

(三)交付作业

交付作业是指装运集装箱的货车到货场后需要办理的卸车和向货主办理交付手续等工作，具体包括卸车作业，交付作业，铁路货运员根据车站的卸车计划及时安排货位、核对运单、货票、装载清单与集装箱箱号、印封号是否一致，需要逐箱检查、卸车；完毕后填写到达记录。最后，由货运室通知发货人。门到门的集装箱由铁路货运员与收货人代理共同核对箱号，检查箱体封印，确认无误后，填发门到门运输作业单，并在作业单上签收。

三、集装箱联运

集装箱运输是现代化发展的必然产物，集装箱运输的发展又必须进行集装箱的联运，单独靠一种运输方式开展集装箱运输已经不能充分发挥集装箱运输的优越性，达不到预期的效果。

因此，组织铁路、水运、公路多种运输的集装箱联运已成为现代化运输的必然产物，当今集装箱运输被称为海陆空的主体运输，已由国内联运发展到国际联运，由在一个国家内的不同运输方式中进行，发展到几个国家甚至洲际范围内进行。集装箱联运就是通过各种运输方式主管部门相互配合共同努力而完成运输的全过程。

四、集装箱运输货物交接方式

集装箱运输中，整箱货和拼箱货在船货双方之间的交接方式有以下几种：

(一)门到门

由托运人负责装载的集装箱，在其货仓或工厂仓库交承运人验收后，由承运人负责全程运输，直到收货人的货仓或工厂仓库交箱为止。这种全程连线运输，称为“门到门”运输。

(二)门到场

由发货人货仓或工厂仓库至目的地或卸箱港的集装箱装卸区堆场。

(三)门到站

由发货人货仓或工厂仓库至目的地或卸箱港的集装箱货运站。

(四)场到门

由起运地或装箱港的集装箱装卸区堆场至收货人的货仓或工厂仓库。

(五)场到场

由起运地或装箱港的集装箱装卸区堆场至目的地或卸箱港的集装箱装卸区堆场。

(六)场到站

由起运地或装箱港的集装箱装卸区堆场至目的地或卸箱港的集装箱货运站。

(七)站到门

由起运地或装箱港的集装箱货运站至收货人的货仓或工厂仓库。

(八)站到场

由起运地或装箱港的集装箱货运站至目的地或卸箱港的集装箱装卸区堆场。

(九)站到站

由起运地或装箱港的集装箱货运站至目的地或卸箱港的集装箱货运站

☞ 任务操作

步骤一:发布任务

学生以小组为单位，模拟集装箱运输作业，包括发送作业、中转作业以及交付作业。

步骤二:情境模拟

根据所学内容，每个小组编写剧本，完成发送作业 - 中转作业 - 交付作业 - 集装箱货物交接等流程的模拟。

步骤三:教师点评

教师根据学生的表现进行点评并打分。

☞ 任务评分

班级			姓名		小组		
任务名称		集装箱运输作业					
考核内容		评价标准	参考分值(100)	学生自评	小组互评	教师评价	考核得分
职业素养情况	1	具有良好的沟通能力	5				
	2	具有信息搜集能力	5				
	3	在任务实施过程中具有较强的总结能力	10				
知识掌握情况	4	掌握集装箱货源组织	10				
	5	掌握集装箱运输作业	5				
	6	掌握集装箱联运	10				
	7	掌握集装箱运输货物交接方式	5				
能力提升情况	8	能够了解集装箱货物交货方式	10				
	9	能够独立操作集装箱运输作业流程	10				
	10	能够主动搜集所需信息,进行自主学习	10				
参与活动情况	11	积极参与任务实施	5				
	12	积极参与小组讨论	5				
	13	积极回答老师提问	10				
小计							
合计 = 自评 * 20% + 互评 * 40% + 教师评 * 40%							

☞ 知识考核

一、单选题

1. 根据国家《关于发展我国集装箱运输若干问题的规定》中规定的集装箱的适箱货源有(　　)个品类。

A. 12　　B. 11　　C. 10　　D. 13

2. 下列关于日常货源组织的说法，错误的是(　　)。

A. 对于不同品种的货物要详细了解其尺寸、外形、重量和需要的集装箱类型及数量等

B. 在流向上要提出货物到站、港、以便组织拼装货

C. 在时间上按照运输作业的需要进行货源的组织工作

D. 日常资源组织工作可单独完成，不需要产、运、销共同配合

3. 下列关于铁路货物运输的优点，错误的是(　　)。

A. 站到门是指由起运地或装箱港的集装箱货运站至收货人的货仓或工厂仓库

B. 站到站是指由起运地或装箱港的集装箱货运站至目的地或卸箱港的集装箱货运站

C. 场到门是指由起运地或装箱港的集装箱装卸区堆场至收货人的货仓或工厂仓库

D. 门到场是指由起运地或装箱港的集装箱装卸区堆场至目的地或卸箱港的集装箱装卸区堆场

二、多选题

1. 集装箱运输作业，可以分为(　　)。

A. 发送作业　　B. 中转作业　　C. 交付作业　　D. 结算作业

2. 在集装箱运输中，整箱货和拼箱货在船货双方之间的交接方式有(　　)。

A. 门到门、门到场、门到站

B. 场到门、场到场、场到站

C. 站到门、站到场、站到站

D. 厂到门、厂到站、厂到场

三、判断题

1. 交电、仪器、小型机械、玻璃陶瓷、工艺品、印刷品及纸张、医药、烟酒食品、日用品，化工品、针纺织品和小五金等杂货、贵重、易碎、怕湿的货物均属于集装箱运输货物。(　　)

2. 集装箱货源从运输组织上分为整箱货和拼箱货两类。(　　)

3. 集装箱联运就是通过各种运输方式主管部门相互配合共同努力而完成运输的全过程。(　　)

任务三　多式联运作业

☞ 任务目的

1. 掌握多式联运作业流程；
2. 掌握多式联运合同；
3. 能够熟练操作多式联运操作业流程。

☞ 任务内容

魏小刚掌握了多式联运的基本知识后，运输主管让魏小刚跟着负责集多式联运作业的同事一起学习相关的作业流程。魏小刚该如何完成这项任务呢？

☞ 任务准备

计算机、互联网

☞ 任务分工

岗位	岗位职责	主要内容	技能要求与基本素质	对应人员
岗前了解	无	了解多式联运作业。	了解多式联运合同;熟知多式联运作业流程。	魏小刚
多式联运调度员	多式联运调度。	根据客户需求和实际货物情况,为客户安排多式联运运输,并完成多式联运运输的相关作业。	熟练的操作多式联运运输各作业流程; 具备吃苦耐劳的精神; 具有团队合作精神。	魏小刚

☞ 任务资讯

一、多式联运作业流程

多式联运经营人是全程运输的组织者，在多式联运中，其业务程序主要有以下几个环节：

(一)接受托运申请，订立多式联运合同

多式联运经营人根据货主提出的托运申请和自己的运输路线等情况，判断是否接受该托运申请。如果能够接受，则双方议定有关事项后，在交给发货人或其代理人的场站收据副本上签章，证明接受托运申请，多式联运合同已经订立并开始执行。

发货人或其代理人根据双方就货物交接方式、时间、地点、付费方式等达成协议，填写场站收据，并把其送至多式联运经营人处编号，多式联运经营人编号后留下货物托运联，将其他联交还给发货人或其代理人。

(二)集装箱的发放、提取及运送

多式联运中使用的集装箱一般应由多式联运经营人提供。这些集装箱来源可能有三个：一是经营人自己购置使用的集装箱；二是由公司租用的集装箱，这类箱一般在货物的起运地附近提箱而在交付货物地点附近还箱；三是由全程运输中的某一区段承运人提供，这类箱一般需要在多式联运经营人为完成合同运输与该分运人订立分运合同后获得使用权。

如果双方协议由发货人自行装箱，则多式联运经营人应签发提箱单或者租箱公司或区段承运人签发的提箱单交给发货人或其代理人，由他们在规定日期到指定的堆场提箱并自行将空箱托运到货物装箱地点准备装货。如发货人委托亦可由经营人办理从堆场装箱地点的空箱托运。如是拼箱货或整箱货但发货人无装箱条件不能自装时，则由多式联运经营人将所用空箱调运至接受货物集装箱货运站，做好装箱准备。

(三)出口报关

若联运从港口开始，则在港口报关；若从内陆地区开始，应在附近的海关办理报关。出口报关事宜一般由发货人或其代理人办理，也可委托多式联运经营人代为办理。报关时应提供场站收据、装箱单、出口许可证等有关单据和文件。

(四)货物装箱及接收货物

若是发货人自行装箱，发货人或其代理人提取空箱后在自己的工厂和仓库组织装箱，装箱工作一般要在报关后进行，并请海关派员到装箱地点监装和办理加封事宜。如需理货，还应请理货人员现场理货并与之共同制作装箱单。若是发货人不具备装箱条件，可委托多式联运经营或货运站装箱，发货人应将货物以原来形态运至指定的货运站由其代为装箱。如是拼箱货物，发货人应负责将货物运至指定的集装箱货运站，由货运站按多式联运经营人的指示装箱。无论装箱工作由谁负责，装箱人均需制作装箱单，并办理海关监装与加封事宜。

对于由货主自装箱的整箱货物，发货人应负责将货物运至双方协议规定的地点，多式联运经营人或其代理人在指定地点接收货物。如是拼箱货，经营人在指定的货运站接收货物。验收货物后，代表联运经营人接收货物的人应在场站收据正本上签章并将其交给发货人或其代理人。

（五）订舱及安排货物运送

经营人在合同订立之后，即应制定货物的运输计划，该计划包括货物的运输路线和区段的划分，各区段实际承运人的选择确定及各区段衔接地点的到达、起运时间等内容。这里所说的订舱泛指多式联运经营人要按照运输计划安排洽定各区段的运输工具，与选定的各实际承运人订立各区段的分运合同。这些合同的订立由经营人本人或委托的代理人办理，也可请前一区段的实际承运人作为代表向后一区段的实际承运人订舱。

（六）办理保险

在发货人方面，应投保货物运输险。该保险由发货人自行办理，或由发货人承担费用由多式联运经营人代为办理。货物运输保险可以是全程，也可分段投保。在多式联运经营人方面，应投保货物责任险和集装箱保险，由经营人或其代理人向保险公司或以其他形式办理。

（七）签发多式联运提单，组织完成货物的全程运输

多式联运经营人的代表收取货物后，经营人应向发货人签发多式联运提单。在把提单交给发货人前，应注意按双方议定的付费方式及内容、数量向发货人收取全部应付费用。

多式联运经营人有完成或组织完成全程运输的责任和义务。在接收货物后，要组织各区段实际承运人、各派出机构及代表人共同协调工作，完成全程中各区段的运输以及各区段之间的衔接工作，运输过程中所涉及的各种服务性工作和运输单据、文件及有关信息等组织和协调工作。

（八）运输过程中的海关业务

按惯例国际多式联运的全程运输均应视为国际货物运输。因此该环节工作主要包括货物及集装箱进口国的通关手续，进口国内陆段保税运输手续及结关等内容。如果陆上运输要通过其他国家海关和内陆运输线路时，还应包括这些海关的通关及保税运输手续。

这些涉及海关的手续一般由多式联运经营人的派出所机构或代理人办理，也可由各区段的实际承运人作为多式联运经营人的代表办理，由此产生的全部费用应由发货人或收货人负担。

如果货物在目的港交付，则结关应在港口所在地海关进行。如在内陆地交货，则应在口岸办理保税运输手续，海关加封后方可运往内陆目的地，然后在内陆海关办理结关手续。

（九）货物交付

当货物运至目的地后，由目的地代理通知收货人提货。收货人需凭多式联运提单提货，经营人或其代理人需按合同规定，收取收货人应付的全部费用。收回提单后签发提货单，提货人凭提货单到指定堆场和集装箱货运站提取货物。如果整箱提货，则收货人要负责至掏箱地点的运输，并在货物掏出后将集装箱运回指定的堆场，运输合同终止。

（十）货运事故处理

如果全程运输中发生了货物灭失、损害和运输延误，无论是否能确定发生的区段，发

(收)货人均可向多式联运经营人提出索赔。多式联运经营人根据提单条款及双方协议确定责任并做出赔偿。如果已对货物及责任投保，则存在要求保险公司赔偿和向保险公司进一步追索问题。如果受损人和责任人之间不能取得一致，则需在诉讼时效内通过提起诉讼和仲裁来解决。

二、多式联运合同

《海商法》所称的多式联运合同，“是指多式联运经营人以两种以上的不同运输方式，其中一种是海上运输方式，负责将货物从接收地运至目的地交付收货人，并收取全程运费的合同。”多式联运是在集装箱运输的基础上发展起来的，这种运输方式并没有新的通道和工具，而是利用现代化的组织手段，将各种单一运输方式有机地结合起来，打破了各个运输区域的界限，是现代管理在运输业中运用的结果。多式联运合同具有以下特点：

1. 它必须包括两种以上的运输方式，而且其中必须有海上运输方式。在我国由于国际海上运输与沿海运输、内河运输分别适用不同的法律，所以国际海上运输与国内沿海、内河运输可以视为不同的运输方式。

2. 多式联运虽涉及到两种以上不同的运输方式，但托运人只和多式联运经营人订立一份合同，只从多式联运经营人处取得一种多式联运单证，只向多式联运经营人按一种费率交纳运费。这就避免了单一运输方式多程运输手续多、易出错的缺点，为货主确定运输成本和货物在途时间提供了方便。

☞ 任务操作

步骤一：发布任务

学生以小组为单位，模拟多式联运作业，包括接受托运申请、集装箱的发放、提取及运送等九个操作流程。

步骤二：情境模拟

根据所学内容，每个小组编写剧本，明确角色和分工，开展情境模拟。

步骤三：教师点评

教师根据学生的表现进行点评并打分。

☞ 任务评分

班级			姓名		小组		
任务名称		多式联运作业					
考核内容		评价标准	参考分值(100)	学生自评	小组互评	教师评价	考核得分
职业素养情况	1	具有良好的沟通能力	5				
	2	具有信息搜集能力	5				
	3	在任务实施过程中具有较强的总结能力	10				
知识掌握情况	4	掌握多式联运作业流程	10				
	5	掌握多式联运合同	20				
能力提升情况	6	能够熟练操作多式联运操作业流程	10				
	7	能够主动搜集所需信息,进行自主学习	10				
参与活动情况	8	积极参与任务实施	10				
	9	积极参与小组讨论	10				
	10	积极回答老师提问	10				
小计							
合计 = 自评 * 20% + 互评 * 40% + 教师评 * 40%							

☞ 知识考核

一、单选题

1. 在办理保险方面,发货人应投保(　　),多式联运经营人应投保(　　)。

A. 货物运输险;货物责任险和集装箱保险

B. 货物责任险和集装箱保险;货物运输险

C. 货物运输险和集装箱保险;货物责任险

D. 货物责任险;货物运输险和集装箱保险

2. 若联运从港口开始,则在(　　)报关;若从内陆地区开始,应在(　　)办理报关。

A. 港口;港口

B. 附近海关;附近海关

C. 附近海关;港口

D. 港口;附近海关

二、多选题

1. 多式联运业务程序的主要环节包括(　　)。

A. 接受托运申请，订立多式联运合同;集装箱的发放、提取及运送

B. 出口报关;货物装箱及接收货物;订舱及安排货物运送

C. 办理保险;签发多式联运提单，组织完成货物的全程运输

D. 运输过程中的海关业务;货物交付;货运事故处理

2. 多式联运的运输计划包括(　　)。

A. 货物的运输路线和区段的划分

B. 各区段实际承运人的选择确定

C. 各区段衔接地点的到达、起运时间

D. 办理保险

3. 多式联运合同的特点有(　　)。

A. 包括两种以上的运输方式，而且其中必须有海上运输方式

B. 托运人只和多式联运经营人订立一份合同

C. 托运人只从多式联运经营人处取得一种多式联运单证

D. 托运人只向多式联运经营人按一种费率交纳运费

三、判断题

1. 在多式联运中由公司租用的集装箱，一般在货物的起运地附近提箱而在交付货物地点附近还箱。(　　)

2. 在货物装箱环节，若是拼箱货物，发货人应负责将货物运至指定的集装箱货运站，由货运站按多式联运承运人的指示装箱。(　　)

3. 如果全程运输中发生了货物灭失、损害和运输延误，无论是否能确定发生的区段，发(收)货人均可向多式联运经营人提出索赔。(　　)

参考答案

模块一 运输管理认知

任务一 认知运输

一、单选题

1. B 2. C 3. A

二、多选题

1. ABCD 2. CD 3. ABCD

三、判断题

1. 对 2. 错 3. 对 4. 对

任务二 运输方式认知

一、单选题

1. A 2. A 3. A 4. B

二、多选题

1. BC 2. ABCD 3. AB 4. ABC

三、判断题

1. 对 2. 对 3. 错 4. 错

任务三 企业运输岗位的认知

一、单选题

1. C 2. B 3. D

二、多选题

1. ABCD 2. BCD 3. ABCD

三、判断题

1. 对 2. 错 3. 错

模块二 运输合同管理

任务一 认知运输

2015 年 3 月 4 日上午 9:00，桂林科威电子公司由业务经理谭勇通过公司电话 0773 - 5685568 打给魏小刚，要求到公司所在地桂林市平山北路 175 号提货，货物到达后由收货方一次性支付。货物发往深圳市宝安区翻身路 139 号深圳康华电子配件生产厂，那边的联系人是钱益，联系电话 0755 - 6517517：货品具体内容如下：

电子配件 5 件，每件货品 15KG，纸箱包装，货物价值 20000 元，运费 680 元，保费为货物价值的3‰。

如果你是魏小刚，应该怎样填写这张运单。

表2－2 **小麻雀物流公司货运单**

运单号NO:2694313

起运站： 终点站： 2015年3月4日

托运人	谭勇	单位	桂林××电子公司 桂林市平山北路175号				电话	0773－5685568		
收货人	钱益	单位	深圳康华电子配件生产厂 深圳市宝安区翻身路139号				电话	0755－6517517		
货物名称	件数	包装	重量KG	体积m^3	货物价值（元）	保险费（元）	运费（元）	送货费（元）	合计（元）	不参加保险签字
电子配件	5	纸箱	75		20000	60	680		740	
总金额（人民币）	万 仟 柒 佰 肆 拾 零 元 零 角 零 分							小写	¥740.00	
付款方式：		提货方式：			发货人签字：			公司签单：		

承运条款：

1. 承运方承运货物时按件接收，保障货物外包装完好无损，不负责内装货物是否完好，提货方提货时当面验收货物，事后货物缺损，承运方概不负责。
2. 托运方必须按货物实价保险，如遇货损、丢失，属本公司责任范围内的，按投保有关规定赔偿。未保价的，承运方最多不超过托运费的3倍赔偿。
3. 货物外包装应符合运输标准，严禁夹带危险品、禁运物品，否则一切损失由托运人负责。

一、单选题

1. C　2. B　3. C

二、多选题

1. BCD　2. CD　3. ABC

三、判断题

1. 对　2. 错　3. 错

任务二　运输合同纠纷的处理

一、单选题

1. B　2. A　3. C

二、多选题

1. BCD　2. ABCD　3. BCD

三、判断题

1. 错　2. 错　3. 对

模块三　公路运输计划编制与调度安排

任务一　公路运输计划编制

模拟案例

2015 年 3 月 8 日上午 8:30，接到客户运输要求如下：

1. 2015 年 3 月 8 日上午，客户 A 要求将 20T 建材从平山建材市场运输到 25 号建筑公司仓库，装卸两次约 1 小时 40 分钟，到达建材市场时间为 8:30。

2. 客户 B 要求 11:10 到达火车北站，装运 20T 钢材，运往钢材市场，装卸两次约需 2 小时。

3. 从公司到建材市场约行驶 35 公里，耗时约 30 分钟。

4. 建材市场到 25 号建筑公司仓库行驶 20 公里，耗时约 15 分钟。

5. 建筑公司仓库到火车北站行驶 26 公里，耗时约 20 分钟。

6. 火车北站到灵川钢材市场行驶 18 公里，耗时约 22 分钟。

7. 从灵川钢材市场返回公司行驶 30 公里，耗时约 20 分钟。

这两个公司是否能够使用同一辆车完成运输任务？请填写下表：

表 3－7　　××物流公司车辆运行作业计划表

2015 年 3 月 8 日　　车号：桂 C25654　　驾驶员：严家俊

出发时间	起点	到达时间	终点	运行时间	运行里程	运输货物	装卸时间
8:00	公司	8:30	平山建材市场	30	35	建材	50 分钟
9:20	平山建材市场	9:35	25 号建筑公司仓库	15	20	建材	50 分钟
10:25	25 号建筑公司仓库	10:45	火车北站	20	26	钢材	1 小时
11:45	火车北站	12:07	灵川钢材市场	22	18	钢材	1 小时
13:07	灵川钢材市场	13:27	公司	20	30	空车	无

调度员：魏小刚

知识考核

一、单选题

1. B　2. C　3. C

二、多选题

1. BC　2. ABCD　3. ABC

三、判断题

1. 错　2. 对　3. 对

任务二　公路运输调度安排

模拟案例

2015 年 3 月 8 日下午 14:30，南宁可口可乐公司运输订单，要求 3 月 9 日下午 17:00 前送达桂林市浩达贸易公司指定收货地点。具体情况如下：

表 3-11　　小麻雀物流公司运输订单

客户名称:南宁可口可乐饮料有限公司　　订单号 D20150308015
取货地点:南宁市高新技术开发区　　取货日期时间:2015 年 3 月 9 日 9:00
联 系 人:韦丽英　　联系电话:0771-3515432
收货单位:桂林市浩达贸易公司　　收货地址:桂林市中山北路 25 号
联 系 人:鲁希　　联系电话:0773-2697654

商品名称	数量	单位	重量(吨)	体积
可口可乐 2.5 升装	460	箱	6	
可口可乐 500 毫升装	650	箱	7	
可口可乐 300 毫升装	500	箱	5	
合计			18	

表 3-12　　司机及车辆信息情况表

司机姓名	司机电话	车牌号	车长(m)	载重(T)
张达明	13807738085	桂 C31546	9.6	20
赵冲	13977328086	桂 C26548	9.6	10
黄江	13877368087	桂 C22547	9.6	4.6
……	……	……	……	……

魏小刚需要填写车辆调度单：

表 3-13　　小麻雀物流公司车辆调度安排表

日期：　　单号:20150308002

起始站	目的站	是否取货	是否送货
南宁	桂林	是	是
取货时间	2015 年 3 月 9 日 9:00	到货时间	2015 年 3 月 9 日下午 17:00
司机	张达明	车号	桂 C31546
出发时间		返回时间	
行驶里程		调度员	魏小刚

知识考核

一、单选题

1. B　2. A　3. D

二、多选题

1. ABC　2. AB　3. ABCD

三、判断题

1. 对　2. 错　3. 对

模块四　公路整车货物运输实务

任务一　认知整车货物运输

一、单选题

1. C　2. A

二、多选题

1. ABCD　2. ABC　3. ABCD

三、判断题

1. 对　2. 错　3. 对

任务二　整车货物运输作业

一、单选题

1. C　2. A　3. B

二、多选题

1. ABC　2. ABC　3. ABC

三、判断题

1. 对　2. 对　3. 错

模块五　公路零担货物运输实务

任务一　认知零担货物运输

一、单选题

1. C　2. C　3. D

二、多选题

1. ACD　2. ABC　3. ABCD

三、判断题

1. 对　2. 对　3. 错

任务二　零担货物运输作业

一、单选题

1. C　2. A

二、多选题

ABCD

三、判断题

1. 对　2. 错　3. 错

模块六　铁路货物运输操作实务

任务一　认知铁路货物运输

一、单选题

1. B　2. A　3. D

二、多选题

1. ABD　2. ABCD

三、判断题

1. 对　2. 错　3. 对

任务二　铁路货物运输作业

一、单选题

1. C　2. A　3. A

二、多选题

1. ABCD　2. ABCD　3. ACD

三、判断题

1. 对　2. 错

任务三　铁路货物运费计算

1. 解：

(1)主车运费：

$(10.2+0.0491\times621)\times60=2441.47$(元)

(2)游车运费：

$(14.6+0.0704\times621)\times30=1749.55$(元)

(3)共计：

$2441.47+1749.55=4191.02$ 元 ≈4191.0(元)

2. 解：

该批货物属企业自备货车装运用铁路机车牵引，所以运价率为该批货物适用的运价率减成20%。

运费：

$(10.2+0.0491\times263)\times60\times(1-20\%)=1109.40$ 元

模块七　水路货物运输操作实务

任务一　认知水路货物运输

一、单选题

1. A　2. D　3. D

二、多选题

1. AB　2. ABC

三、判断题

1. 对　2. 错　3. 对

任务二　班轮运输作业

一、单选题

1. A　2. D

二、多选题

1. ABCD　2. ABCD

三、判断题

1. 对　2. 错　3. 对

任务三　租船运输作业

一、单选题

1. A　2. D

二、多选题

1. BC　2. ABC

三、判断题

1. 对　2. 对　3. 对

任务四　水路货物运费计算

1. 解：

在货物运价分级表中，计费单位为“W”的按重量吨计算，以1000公斤为1重量吨；计费单位为“M”的按体积吨计算，以1立方米为1体积吨。计费单位为“W/M”的按货物的重量吨和体积吨中择大计算。

由题意可知，

运费 = 棉布运费 + 五金制品运费

= 棉布的重量 × 棉布的运价率 + 五金制品的重量 × 五金制品的运价率

因此，运费 = 120 × 4.93 + 350 × 6.6 = 2901.6(元)

即：此批货物的运费为2901.6元。

2. 解：

本题中，10吨蛋制品经查货物分级表，计算标准是W/M，取其中较大者为作为计算标准，则为11尺码吨。

运费 = (116 + 116 × 35% + 18) × 11 = 1920.6元

模块八　航空货物运输操作实务

任务一　认知航空货物运输

一、单选题

1. A　2. D　3. D

二、多选题
AB
三、判断题
1. 对　2. 对　3. 错　4. 对

任务二　国际航空货物运输作业
一、单选题
1. A　2. D
二、多选题
1. ABCD　2. ABCD　3. ABCD
三、判断题
1. 对　2. 错　3. 对

任务三　航空运单的填制
一、单选题
1. D　2. D
二、多选题
1. ABCD　2. AB
三、判断题
1. 对　2. 对　3. 错　4. 对

模块九　集装箱运输与多式联运实务

任务一　认知集装箱运输与多式联运
一、单选题
1. A　2. D　3. D
二、多选题
1. AB　2. BCD
三、判断题
1. 对　2. 错　3. 对

任务二　集装箱运输作业
一、单选题
1. A　2. D　3. D
二、多选题
1. ABC　2. ABC
三、判断题
1. 对　2. 对　3. 对

任务三　多式联运作业

一、单选题

1. A　2. D

二、多选题

1. ABCD　2. ABC　3. ABCD

三、判断题

1. 对　2. 错　3. 对